평범한 직장인의
꿈같은 아프리카 9개국 여행기

# 그래도 나에게는
# 꿈이 있다

아프리카 편

평범한 직장인의
꿈같은 아프리카 9개국 여행기

# 그래도 나에게는
# 꿈이 있다

초판 1쇄 인쇄일 2016년 11월 2일
초판 1쇄 발행일 2016년 11월 10일

지은이 박태준
펴낸이 양옥매
디자인 남다희
교    정 조준경

펴낸곳 도서출판 책과나무
출판등록 제2012-000376
주소 서울특별시 마포구 방울내로 79 이노빌딩 302호
대표전화 02.372.1537   팩스 02.372.1538
이메일 booknamu2007@naver.com
홈페이지 www.booknamu.com
ISBN 979-11-5776-298-9(03930)

이 도서의 국립중앙도서관 출판시도서목록(CIP)은 서지정보유통지원 시스템
홈페이지(http://seoji.nl.go.kr)와 국가자료공동목록시스템
(http://www.nl.go.kr/kolisnet)에서 이용하실 수 있습니다.
(CIP제어번호 : CIP2016025833)

평범한 직장인의
꿈같은 아프리카 9개국 여행기

# 그래도 나에게는
# 꿈이 있다

글 · 사진 **박태준**

20대의 끝자락에서 자유를 향해 온몸을 내던진 청춘 여행기!
평범한 직장인의 좌충우돌, 꿈같은 한 달간의 아프리카 여정

평범한 직장인의 꿈같은 아프리카 9개국 여행기

# 그래도 나에게는 **꿈**이 있다

아프리카 편

PROLOGUE

▶▶

기다리지 않던 29살의 해가 찾아왔다. 나에게만큼은 빗나갈 것 같은 세월들은 푸석한 얼굴에 주름들을 그으며 자신의 존재를 증명하기 시작한다. 평생 오지 않을 것만 같았던 운전면허들의 갱신기간 또한 어느새 다가와 있다. TV속 신인 아이돌이던 동갑내기 연예인들은 어느덧 많은 후배들에게 인사를 받고 있다. 요즘 따라 故 김광석의 〈서른 즈음에〉라는 노래가 가슴 와 닿는다.

때늦은 퇴근길, 우연히 들른 서점에서 눈에 띄는 책 제목을 발견했다. 『29살 생일 1년 후 죽기로 결심하다』. 책의 주인공은 29살의 생일날, 본인의 신세를 한탄하며 30살이 되는 해에 죽기로 결심했다. 그리고 남은 29살의 날들을 열정으로 살아간다.

집으로 돌아오는 길, 나는 버스 창문에 머리를 기대며 생각에 잠겼다. "내가 20대에 하지 않으면 후회할 일이 무엇이 있을까?" 아무리 생각을 해 봐도 하고 싶은 일, 할 수 있는 일이 마땅치 않았다. 평범한 직장인으로서 살아가는 나에게 어림도 없는 꿈들이다.

나는 집으로 돌아와 곧바로 책상에 앉아 스탠드를 켜고 일기장을 꺼냈다. 일기장의 내용은 어제와 오늘이 별 반 다를 바 없었다. 아마 내일도 똑같을 것이므로 일기를 미리 적어 놓더라도 문제가 되지 않을 것 같았다. 나는 오늘 있었던 상투적인 하루의 일과를 일기장에 끄적이고 그동안 적었던 일기장들을 눈요기 삼으며 천천히 읽었다. 마지막 일기가 끝나고 일기장 끝에는 2006년 3월 14일 5교시,

지루한 수학시간에 적었던 나의 버킷리스트 100가지가 보인다. 나는 서랍 속 필통을 꺼내 빨간색 펜으로 성공한 것들에 동그라미를 치기 시작했다. '3번 사막에서 길 잃어 보기' 성공, '23번 아마존 강에서 수영하기' 이것도 성공……. 동그라미의 숫자를 세어 보니 무려 30개가 넘는다. 아직 성공하지 못한 목록을 보니 각양각색이다. '변호사 되기', '대기권 밖으로 나가 보기' 등 10년 전 나의 꿈들이 적혀 있는 것을 보니 참 재밌다. 그중 '덩크슛 성공하기', '회 뜨는 법 배우기' 등 실현 가능성이 있는 것들이 눈에 들어온다.

"그래! 바로 이것이다!" 10년 전 나는 꿈과 희망 가득한 청년이었다. 갑작스럽게 목표가 생겼다. 다시 10년 전 마음으로 돌아가 29살 이전에 버킷리스트의 절반을 동그라미로 완성해 봐야겠다!

그날 이후로 버킷리스트는 나의 인생에서 내비게이션 역할을 해 주었다. 나는 하루하루를 버킷리스트에 집중했다. 덩크슛을 성공하기 위해 자투리 시간을 활용하여 하체 근력운동과 점프 연습을 하고 야스쿠니를 가기 위해 도쿄행 비행기를 예약했다. 그리고 평소에 지지하던 정당에 당비를 납부하며 당원으로서의 활동을 시작했다. 또 퇴근 후에는 수산시장에서 생선을 한 마리씩 구입하여 집에서 회 뜨는 법을 연습했다. 일상 곳곳에 나의 꿈들이 숨어 있으니 내 삶은 더욱 윤택해지고 희망이 가득한 일상으로 바뀌고 있었다.

그렇게 꿈을 위해 저축한 시간이 3달이 지났을 때쯤, 손에 닿을 듯 말 듯했던 농구 골대는 이제는 멋진 덩크슛으로 완성되었고, 살생을 두려워했던 나는 광어와 우럭 등 각종 생선 손질을 눈을 감고

도 할 수 있을 만큼 실력이 향상되었다. 비록 리스트의 35번 '요트를 타고 신혼여행 가는 것'은 성공하지 못했어도 요트 면허에 합격함으로써 절반의 성공을 이뤘다. 나의 삶은 점차 달라지기 시작했다. 이제 새로운 것들에 도전을 하고 싶었다.

퇴근 후 책상에 앉아 버킷리스트 목록을 하나씩 바라보았다. "음, 대기권을 돌파하는 것은 아무래도 무리다.", "북한에 가 보기? 이것도 힘들 듯하다." 당분간은 실현하기 힘든 것들을 지워 나가니 몇 가지 남지 않았다. '얼룩말 엉덩이 만지기', '킬리만자로 산 정상 정복' 등이 남아 있다. 그리고 다음 날 나는 회사에 양해를 구하고 미친 척 아프리카행 비행기 표를 예약해 버렸다.

3달간의 연습 끝에 능숙하게 회를 뜰 수 있게 되었다

이번 아프리카 여행은 명절 연휴를 포함하여 한 달간의 여정으로 '케냐 IN, 케이프타운 OUT'의 항공권을 예약했다. 남미 여행 뒤 다시 자리를 비우는 것은 무리였지만, 이해심 많은 선배들과 상사분들의 허락으로 다시 꿈을 펼칠 수 있게 되었다. 이번 여행은 예약과 계획을 짜지 않던 나의 여행 철학을 버리고 순전히 나의 버킷리스트 위주로 루트를 설정했다.

그리고 나는 메인이벤트를 계획했다. 바로 산악자전거를 타고 킬리만자로 정상을 정복하는 것이다. 하지만 자전거를 타고 산에 오르는 것은 전례가 없고 인터넷으로 충분한 정보를 찾을 수 없었다. 나는 가장 먼저 산악자전거를 한국에서 가져갈 것인가부터 고민했다. 산악자전거를 가져간다면 남은 일정이 불편해지고, 놓고 가자니 현지 자전거에서 산악용 자전거를 구하기가 힘들었다.

두 번째 문제는 킬리만자로 국립공원 측에서 산악자전거의 입산을 승인해 줄지도 미지수이다. 국립공원 측과 현지 장비렌탈업체에 문의메일을 보내 봐도 묵묵부답이다. 한참을 고심하던 중 인터넷을 통해 탄자니아 현지에서 한국인 사장님이 운영하시는 여행사를 발견했다. 그래서 사장님께 나의 계획을 메일로 보내 드리니, 사장님은 현지 인적네트워크를 통해 킬리만자로 국립공원 측에 자전거 입산허가증을 받아 주셨다. 다만 남은 문제는 현지 사정이 우리나라 1970년대의 수준이라 산악용 자전거를 찾기가 힘들었다. 그러나 사장님은 현지에서 가장 좋아 보이는 자전거와 등반장비를 구해 주셨다. 덕분에 나는 아시아 최초로 산악자전거를 타고 킬리만자로를 등반할 수 있는 도전 기회를 갖게 되었다.

하지만 여행을 몇 달 앞둔 시점부터 나는 늘어난 업무와 대학교 편입학 준비를 위해 주경야독을 해야만 했다. 하다못해 비행기 표를 예약한 것도 잊은 채로 퇴근 후 학교 편입학준비에 몰두했다. 여행 출발 전 몇 달간은 4시간 이상 잠을 잘 수가 없어, 킬리만자로 등반 계획을 제외하고는 다른 일정을 준비할 수 없었다. 아프리카는 시중에 나온 가이드북이 미미하여 발품을 팔아야 값진 정보를 얻을 수 있다. 하지만 몸이 10개라도 부족한 나는 그저 초심으로 돌아갈 수밖에 없었다. 킬리만자로를 제외하고 나머지 일정은 하늘에 맡겨야겠다.

여행 출발 하루 전까지 짐을 챙기지 못한 나는 여행 당일 새벽, 부랴부랴 짐을 챙겼다. 다행히 남미 여행과는 다르게 현지 날씨가 따듯해 두꺼운 옷을 챙길 필요가 없었고 핸드폰으로만 사진을 찍을 생각에 무거운 카메라는 챙기지 않았다. 그 때문인지 배낭 무게는 남미여행의 절반 수준인 3㎏ 정도밖에 되지 않았다. 배낭을 메고 거울을 보니 아주 만족스럽다. 이 배낭만 있다면 지구촌 어디든 달려갈 수 있을 것만 같다. 꼭두새벽, 뒤늦게 찾아온 설렘은 나를 잠 못 이루게 하였다.

뜬눈으로 밤을 지새우고 아침이 되어서야 출근을 했다. 오늘 비행기 시간은 저녁 시간이므로 오전 근무를 하고 인천 공항으로 올라가야 한다. 나는 사무실에서 남은 업무를 마치고 직장 동료와 상사분들에게 정중히 인사를 드렸다. 모두들 남미에서 납치를 당한 사건을 알고 계셔서 안전을 당부하신다. 나는 건강한 모습으로 돌아오겠다고 말씀드리고 집으로 향했다. 최근에 고배기량으로 바꾼 오토바이는 순식간에 나를 집으로 데려다주었다. 퇴근 후 나는 그동안 여행 준비를 제대로 하지 못한 탓에 환전 업무와 밀린 여행 준비를 해야만 했다.

그때였다. 가뜩이나 시간이 부족한데 핸드폰에서 전화벨이 쉴 새 없이 울린다. "자꾸 누가 전화를 하는 거야?" 핸드폰 화면 속을 보니 차장님의 전화다. 불길한 예감이다. "네, 차장님." "태준아, 큰일 났다!" 아, 무슨 일이 터진 것일까? 혹시 여행을 출발조차 못하는 것은 아닐까? 찰나의 순간, 수만 가지 생각이 든다. "무슨 일이시죠, 차장님?" "너 합격했어!" "네?" "태준아, 축하한다. 대학교 편입 합격했어." "와우, 이럴 수가!"

대학교 편입은 산학협력을 통해 회사에서 지원해 주는 복지혜택이라 사내 게시판에 합격자를 발표한다. 사실 합격자 발표는 일주일 뒤라 생각지도 못하였는데, 명절을 앞두고 있어 일찍 발표한 것이었다. 그토록 바라던 학교에 편입하게 되었지만 지금 당장 발등에 불이 떨어졌다. 학교에 편입하려면 등록금 납부와 수강 신청 등 많은 절차가 남아 있는데, 당장 나는 오늘 저녁 비행기로 한 달 동안 자리를 비우게 된다. 바보같이 대학교 합격했을 때의 상황을 가정해 보지 않았던 것이었다.

나는 환전 업무와 버스 티켓은 제쳐 두고 집으로 달려갔다. 등록금 납부는 평소 친하게 지내던 산학협력 담당자 인사팀 김 대리님에게 급히 전화를 하여 도움을 요청했다. 대리님은 나에게 전화가 올 것을 예상하셨는지, 등록금을 미리 이체하고 공인인증서는 친구를 통해 보내라고 하신다. 천만다행이다. 나에게 있어서는 여행보다 학업이 더 중요했기에 여행을 취소할 수도 있는 상황이었지만, 많은 분들의 도움에 의해 나는 무사히 여행길에 오를 수 있었다.

서울로 올라가는 길, 긴장했던 몸이 느슨해져 깊은 잠에 빠져들었다. 2월의 서울 밤은 강력한 추위가 느껴진다. 나는 짐을 줄이기 위해서 현지에서 입을 반팔과 반바지를 입은 채 출발했다. 덕분에 배낭 무게는 많이 가벼워졌지만 인천공항까지의 여정에서는 엄청난 추위와 싸워야만 하였다. 모든 사람들이 이상한 시선으로 쳐다본다. 그래도 뭐 어쩌겠소? 나는 한겨울에 반팔 반바지을 한 이상한 사람이 되었지만, 얼굴에는 설렘 가득한 웃음만 나왔다.

2016년 10월 박태준

CONTENTS

# 검은
# 대륙

# 카타르에서
# 연예인이 되는 방법

장시간 비행 끝에 경유지 카타르에 도착했다. 공항에서 버스를 타고 도착한 카타르의 해변가에는 아침부터 열심히 조깅하는 청년들, 낚시하는 아저씨들이 보인다. 시간이 지나니 점차 날씨가 더워지면서 입고 있던 옷들이 땀에 젖어 몸에 달라붙기 시작한다. 구글지도를 검색하니, 근처에 카타르에서 유명한 수키 와키프 시장이 보인다. 나는 시장 근처를 구경하면서 휴식을 취하기로 결정했다.

해변가에서 지하통로를 가로질러 반대쪽 시장으로 들어서니, 엄청난 비둘기 떼가 광장을 점령하고 있었다. 이른 아침이지만 많은 사람들이 한가롭게 비둘기 먹이를 주며 시간을 보내고 있었다. 나도 한참을 앉아서 비둘기들의 춤사위를 구경하다가 시장 내부로 들어갔다. 시장에는 아침 일찍 장사를 준비하려는 상인들이 몇몇씩 보인다. 상점 대부분은 향신료와 생활 잡화를 팔고 있었는데, 조금 안쪽으로 들어가니 카타르 전통의상을 파는 상점이 보였다. 나

자원 부국 카타르에는 초호화 요트와 고급호텔들이 즐비하다

는 강한 호기심에 이끌려 전통의상을 입어 보고 싶다는 생각이 들었다.

일단 용기를 내서 가게 안에 들어가니, 주인장이 놀란 눈치로 바라보며 전통의상에 대해 자세하게 설명을 해 준다. 카타르 전통의상에는 THOBE와 머리에 덮어쓰는 GHUTRA, GHUTRA를 고정시키는 IQAL이 있다고 한다. 가게 점원은 내 몸의 치수를 잰 뒤, 딱 맞는 옷을 맞춰 주었다. 하얀색 원피스 같은 옷에 흰색 천을 둘러쓰고 IQAL로 고정시켜 입어 보니 왠지 모르게 어색하다. 가격은

145리얄, 우리 돈으로 약 5만 원이다. 나는 계산을 마친 뒤 어색한 복장을 하고 카타르 최대 쇼핑몰인 시티센터로 향했다.

시티센터행 버스는 코르니쉬 해변도로를 지나 금방 도착했다. 시티센터에 도착하니 막상 무엇을 해야 할지 고민이었다. 일단 다리도 아프고 인터넷도 사용할 겸 커피숍으로 들어가 오렌지 주스를 주문하고 전자기기들을 충전하며 시간을 보냈다. 그런데 히잡을 두른 3명의 여성이 나를 둘러싸고 가만히 바라본다. 나도 상황이 당황스러워 이어폰을 빼고 가만히 쳐다보았는데, 히잡을 둘러쓴 여인 중 가장 어려보이는 여성이 나에게 말을 걸어왔다.

"안녕하세요?"

멀고먼 카타르에서 현지인에게 한국말을 들을 줄이야! 나는 예상치 못한 한국말에 깜짝 놀랐다. 그 친구들은 한국어를 전공하는 카타르 대학생인데, 동양인이 전통의상 입고 있어 구경을 하다가 나의 얼굴을 보고 한국 사람이라는 것을 바로 알아챘다고 한다. 그리고 친구들은 합석하여 이야기를 나누자고했다. 이게 무슨 행운인가! 게다가 모두들 엄청난 미인이다. 이슬람 율법상 낯선 남자와 대화하는 것이 금기시되는 줄 알았는데, 카타르는 비교적 자유롭다.

우리는 한자리에 모여 서로의 문화를 비교해 가며 대화를 이어 나갔다. 그리고 친구들 중 가장 큰언니가 밖으로 나가서 커피를 한 잔 더 마시자고 한다. 나도 비행기 환승 시간까지 시간이 넉넉했기에 시티센터 4층에 있는 카페로 올라가 다시 이야기를 나눴다. 나는 대화를 통해 이슬람교의 선입견이 사라지고 여러 가지 재밌는 이야기들을 들을 수 있어서 좋았다.

한국어를 전공 하고 있는 카타르 여대생들과 함께

　어느덧 저녁 시간이 되어, 친구들은 부모님이 데리러 오신다고
하여 작별 인사를 하고 헤어졌다. 이제 날이 저물었으니, 카타르의
자랑거리인 수키와키프 야시장에 다시 가야 한다. 시티센터에서 나
와 택시에 요금을 물어보니 20리얄(한화 약 6,000원)을 달라고 한다.
마침 마지막 시티버스가 시티센터 앞에 정차했다. "이게 웬일이지?
오늘은 운이 좋다."

　그렇게 마지막 버스를 타고 수키와키프 야시장에 도착했는데, 아
침에 보았던 모습과는 정반대의 모습이다. 동화 속에서나 나올 법

만화영화 "알라딘"을 연상케 하는 수키와키프 야시장

그래도 나에게는 꿈이 있다

한 아라비안나이트의 모습이 내 눈앞에 펼쳐진 것이다. 골목골목 사이에는 옅은 주홍빛의 가로등이 황토색 건물들을 밝혀 주고 각종 향신료들의 향, 애완용 매의 날갯짓 소리로 인해 아라비안나이트를 시각·후각·청각으로 모두 느낄 수 있었다. 시장은 저녁이 되니 더욱 활기가 넘친다.

사람들은 지나갈 때마다 전통의상을 입은 낯선 이방인의 모습을 보고 신기한지 하이파이브를 하고 IQAL를 고쳐 씌워 주며 멋있다고 칭찬해 준다. 아이들에게 얼마나 인기가 있던지, 같이 사진을 찍느라 한창 바빴다. 게다가 극단 이슬람주의자들에게 납치당했을 시 생과 사에서 생을 선택할 수 있도록 짤막하게 외운 코란을 암송해 주니, 그 반응은 생각보다 폭발적이었다. 많은 사람에게 이런 관심과 사랑을 받는 것이 익숙하지 않지만 정말 좋은 경험이었다.

나는 이곳을 떠나기 전에 반드시 카타르 전통 음식을 먹고 물 담배인 샤샤를 피워 보아야겠다는 생각이 들었다. 길거리 사람들에게 길을 물어봤더니 도와주시겠다는 분이 급속도로 불어났고, 군중들은 한참 이야기를 나눈 뒤 합의점을 찾고 나를 어디론가 이끌고 갔다.

나는 많은 사람이 안내해 준 노천식당에 자리를 잡고 레몬향의 물 담배 샤샤와 카타르 전통 음식을 주문했다. 종업원이 샤샤를 가져와 향을 피우고 입으로 바람을 불어 연기를 만들어 내고는 나에게 건네준다. 나는 주변에서 바라보는 눈빛과 나에게 거는 기대를 온몸으로 느꼈다. 담배를 피워 본 적은 없지만, 기대에 부응하기 위해 물 담배를 힘껏 들이마신 뒤 연기를 뿜었다. 그리고 가슴속 깊이

▲ 레몬향이 은은하던 물 담배 "샤샤"
▼ 다양한 이슬람 유물 및 미술품을 전시 해놓은 카타르의 이슬람 박물관

끓어 올라오는 기침을 억지로 눌러 앉힌 뒤 만족스러운 표정을 지었다. 그러자 주변 사람들은 흐뭇한 아빠 미소를 지어 보였다.

어떤 국가를 여행하든 종교적 · 이념적 차원을 떠나 그들의 문화를 진심으로 사랑하고 존중해 준다면 그들에게는 자부심을 선물하고 나 또한 몰랐던 세계를 경험할 수 있다는 사실을 깨달았다. 단지 그들이 입는 옷을 입고, 그들이 즐겨 먹는 음식을 먹고, 그들이 즐겨하는 놀이를 같이했을 뿐인데 수많은 사람들은 나에게 이타적인 감정이 아닌 동질감으로 다가와 따뜻하게 대해 주었다.

 언제 사용할지 모르니 외우자! "라 일라하 일라 알라 무함마드 라술루 알라(알라 외에 다른 신은 없으며 무함마드는 알라의 예언자다)."

|

▼

# 우정을 돈으로도
# 살 수 있나요?

카타르에서 나이로비행 비행기를 타고 케냐에 도착했다. 후끈한 열기와 검은 피부의 사람들이 아프리카대륙에 온 것을 새삼 실감나게 해 준다. 나는 서둘러 도착 비자를 받고 출국게이트로 나왔다. 나이로비의 조모케냐타 공항은 동아프리카의 허브공항이라 엄청난 크기를 기대했는데, 생각보다 규모가 작았다.

케냐는 최근 인접국가 소말리아의 극단주의 테러조직인 알샤바브의 타깃이 되어 정세가 불안했다. 나는 공항에서 한참을 고민하다가 나이로비 시내에 머물지 않고 곧바로 탄자니아로 가는 버스를 타기로 결정했다. 공항에는 여러 곳의 여행사가 보인다. 나는 수많은 호객행위를 거절했지만, 한 청년이 무덤덤한 듯 다가와 탄자니아로 가는 방법을 자세히 설명해 준다. "친구, 탄자니아로 가려면 오후 2시 버스를 타고 가야 돼." "그럼 버스 티켓은 얼마야?" "35달러면 모시까지 갈 수 있어."

▲ 무서울 정도로 한산한 케냐의 조모케냐타 공항
▼ 케냐-탄자니아를 연결해주는 국제노선 버스이지만 크기는 우리나라 마을버스보다 작았다

나는 그의 사무실에서 티켓 값 35달러를 지불했다. 청년은 본인의 이름을 피터라고 소개한다. 피터는 나에게 오늘 킬리만자로 입구인 모시까지 갈 수 있다고 한다. 지금은 오전 10시, 버스를 타려면 아직 4시간이나 남았다. 우리는 여행사 사무실에서 서로 관심사가 비슷해 프리미엄리그와 여행이라는 주제에 공감대를 형성하고 매우 가까워졌다.

피터 옆 사무실에는 여직원이 있는데, 창문으로 나를 힐끔 바라본다. 피터는 옆 사무실로 들어가더니, 창문 건너로 들어오라고 손짓한다. 옆 사무실에 있던 여성은 현재 대학교에서 한국어를 전공하고 있어, 나를 호기심의 눈빛으로 바라보았다고 한다. 나는 여직원과 한국어로 짧은 대화를 나누다가 피터의 사무실로 돌아왔다.

그렇게 지루한 버스 대기시간이 끝을 보이고 버스회사 관계자가 사무실로 왔다. 나는 버스회사 직원에게 요금과 소요시간을 재차 확인하고 싶었다. "오늘 탄자니아의 모시까지 갈 수 있을까요?" 그런데 의외의 대답이 나왔다. 직원은 절대 못 간다고 한다. 나는 다시 되물었다. 하지만 직원은 소요시간이 길어 저녁 늦게 도착하니, 나이로비와 모시의 중간 경유지인 아루샤에서 하룻밤을 자야 한다고 한다. 중요한 것은 아루샤까지 요금은 25달러라고 한다. 마침 피터가 사무실로 들어와 상황을 물으니, 피터는 여전히 모시까지 갈 수 있다고 했으나 당황한 표정이 역력하다.

나는 돈 때문이 아니라 그를 믿었던 만큼 배신감 때문에 마음이 아팠다. 피터는 돈만 받음 그만이지, 내가 목적지에 도착을 하든 말든 상관없었던 것이다. 피터는 지금 이 상황만 모면하면 10달러를 벌 수 있기에 거짓말로만 두둔하고 있다. 나는 피터의 말을 철썩 같이 믿고 밤늦게 아루샤에 버려지는 것이었다. 아프리카 첫 이미지가 피터 때문에 망쳐졌다. 나는 피터에게 강력히 어필했지만 돌아오는 것은 가벼운 웃음뿐…….

여행사라 어느 정도 마진은 이해했지만 피터의 천연덕스러운 행동에 남은 돈을 모두 돌려받고, 나는 뒤도 안 돌아보고 공항 밖으로 나왔다. 아프리카에서는 돈으로 우정을 살 수 있는 걸까?

 티켓 예약은 직접 할 것!

육로로 통과한 케냐와 탄자니아의 국경

그래도 나에게는 꿈이 있다

[탄자니아-모시]

▼

# 세계 최고의
# 만병통치약

케냐에서 6시간을 달려 늦은 시각, 아루샤에 도착했다. 날이 어두워 버스에서 하차한 곳 근처에 숙소를 구하고 곧바로 단잠에 빠졌다. 그러나 새벽 4시, 몸 상태가 영 심상치가 않다. 극심한 두통과 메스꺼움 그리고 오한이 든다. 이마를 만져 보니 열이 난다. 젠장, 이틀 동안 비행기에서 쪽잠을 자고 카타르에서 쉴 없이 돌아다녀서 그런지 몸살이 온 것 같다. 그리고 도하에서 처음 피워 본 물 담배 덕분에 숨 쉴 때마다 폐가 턱턱 막혀 온다.

통증 때문에 한번 깬 잠은 다시 오지 않는다. 나는 가지고 있던 진통제를 입안에 모두 털어 넣고 열을 낮추기 위해 차가운 물로 샤워를 했으나 차도가 없었다. 방 안에 있으니 열이 자꾸 오르는 것 같아 로비로 나갔다. 이른 아침, 로비에는 아무도 없어 혼자 신음을 하며 통증을 버텼다. 내일은 킬리만자로를 등반하는 날인데, 컨디션이 좋아도 모자랄 판에 최악의 몸 상태라 걱정된다.

탄산이 많고 거품이 적었던 고소한 맛에 킬리만자로 맥주

날이 점차 밝아 오자, 로비에도 사람들이 한두 명씩 보인다. 나는 아침밥을 먹기 위해 호텔 식당으로 갔다. 아플수록 무조건 잘 먹어야 한다는 것이 나의 철칙이다. 나는 큰 접시를 들고 수박, 파인애플, 파파야 등 과일이란 과일은 싹 쓸어 담았다. 음식들을 입안으로 넘기기 힘들었지만 몸 안에서 병균과 싸울 나의 면역세포를 생각하며 지원군을 보내 줘야겠다는 생각으로 열심히 먹었다.

아침 식사를 마치니, 날은 완전히 밝아 있었다. 곧바로 방 안으로 들어가기보다는 호텔 주변을 걸으면서 열을 식히는 것이 좋을 것 같다는 생각이 들었다. 그러나 차갑게 식어 버린 아프리카의 아침 공기를 마시니 다시 몸이 으슬으슬하다. 나는 어쩔 수 없이 방으로 들어와 눈을 붙였다.

짧은 잠을 자고 일어나니 다시 느껴지는 통증……. 나는 미봉책으로 다시 찬물 샤워를 하고 짐을 챙겨 방에서 나왔다. 호텔 직원은 로비에 쓰러져 있는 내가 안타까웠는지 정체 모를 알약 두 개를 주었다. 여행 중에는 낯선 사람이 주는 것은 먹지 않는데, 이 약이 어떤 성분인지 또 어떤 증상일 때 먹는지 알 수는 없었지만 마치 구원의 빛 같아 그 자리에서 바로 먹었다.

오늘은 킬리만자로 입구인 모시로 이동해야 한다. 호텔 직원은 셔틀버스가 2시에 있다고 한다. 시계를 보니 딱 2시다. 하지만 버스는 오질 않는다. 그러나 아프리카의 시간 개념에 대하여 익히 들어왔던 터라 나는 의자에 앉아 몸을 추슬렀다. 그렇게 한 시간이 지난 뒤, 나는 무사히 모시행 버스를 탈 수 있었다. 모시로 가는 버스에서 바깥 풍경을 바라보니, 구름 사이로 이따금씩 보이는 킬리만자로가 엄청난 위엄을 자랑한다. 하지만 몸살과 더불어 멀미가 나를 힘들게 했다.

그렇게 버스에서 2시간을 버텨 모시에 도착했다. 나는 미리 예약해 두었던 한국분이 운영하는 여행사에 연락했다. 그러자 사장님은 5분도 채 되지 않아 나를 데리러 오셨고, 우리는 여행사 사무실로 함께 이동했다. 그렇게 도착한 여행사 사무실에서 우리는 킬리만자로 등정 일정에 대하여 회의를 했다. 하지만 몸 상태가 좋지 않던 내게 회의 내용이 귀에 들어올 리 없었다. 사장님은 나의 몸 상태를 눈치를 채셨는지, 나를 식당으로 데려가 주셨다.

여행사 건물 1층은 한국인 요리사가 있는 한식당인데, 사장님께 서는 내일 등반하려면 몸보신을 해야 한다며 삼계탕을 해 주신다. 삼계탕에 밥을 말아 김치와 함께 먹으니 너무 맛있고 행복했다. 나 는 순식간에 닭 한 마리를 해치웠다. 진통제와 감기약은 효능이 없 었는데, 신기하게도 곧 죽을 것만 같던 몸이 따뜻해지면서 언제 그 랬냐는 듯 아무렇지 않아졌다. 선조들이 몸보신을 위해 왜 삼계탕 을 먹었는지, 몸소 체험을 하고 깨닫는 순간이었다. 역시 한국 사람 은 한국 음식이 보약이다.

 뭐니 뭐니 해도 음식이 보약!

머나먼 타국에서 맛 본 삼계탕은 나의 모든 통증을 사라지게 해주었다

그래도 나에게는 꿈이 있다

# 미친 도전에 이유가 있나요
## - 킬리만자로 등정 1일차

이번 여행의 최대 미션은 단연코 킬리만자로 등정이다. 사실 한국에서 가장 신경을 많이 썼던 부분인데 이유는 단 하나, 산악자전거를 타고 정상등정이 목표이기 때문이다. 나는 한국에서 현지 렌탈 업체를 찾아 산악자전거를 구하고 킬리만자로 국립공원 측에 허가를 받아야만 했다. 일주일 뒤 입산 승인은 났지만, 안타깝게도 산악자전거를 타고 등반하려면 일반적인 루트가 아닌 국립공원 측에서 허가해 준 비상루트를 이용해야 한다. 게다가 일정 중 하루는 산장이 아닌 캠핑을 해야 한다는 최악의 조건이었다.

그러나 다른 방법이 없었다. 나는 여행 출발 전날까지 열심히 체력을 기르며 이날만을 기다려 왔다. 그리고 그날이 드디어 현실이 되어 다가왔다. 나는 설렘에 아침 일찍 일어났다. 날이 아직 밝지 않아 방 안에서 불을 켜고 짐 정리를 하였다. 그리고 전장에 나가는 군인의 심정으로 자전거 정비를 마쳤다. 자전거가 산악용 자전거가

▲ 킬리만자로 등반 전 준비해둔 대형 배낭과 낡은 자전거
▼ 상상 할 수 없을 만큼 무겁던 등반 준비물

그래도 나에게는 꿈이 있다

아니고 일반 유사 산악자전거라, 완벽한 정비를 하지 않으면 사고가 일어나거나 자전거가 쉽게 파손되어 나의 도전은 모두 수포로 돌아갈 수 있기 때문이다.

사장님이 오늘이 등정 일정 중 가장 힘든 극한의 코스라고 하시며 컵라면과 공깃밥을 주셨다. 평소에 잘 안 먹던 라면도 신나게 먹고 아침 식사를 마치니, 어느새 우리 팀이 도착했다. 우리 팀은 총 다섯 명이다. 일반적으로는 3명이 한 팀이지만, 캠핑 장비를 챙길 포터가 2명이 더 필요했다. 그래서 우리 팀은 나까지 총 여섯 명으로 꾸려졌다. 리더 겸 가이드인 아수먼, 우리의 캠핑 장비를 들어 줄 포터 피터와 쥬머, 임마누엘, 요리사인 머세스 그리고 나다. 그런데 모두들 호리호리하고 말라 등반을 하다 내가 도와줘야 할 것 같았다.

준비를 모두 마친 뒤, 사장님은 잘 갔다 오라고 인사를 한다. 드디어 우리 팀은 킬리만자로 출발! 우리는 일반적인 입산 시작 코스인 마랑구 게이트로 가서 입산 수속을 받고 국립공원 측에서 허가해 준 킬리마 게이트로 가야 한다. 마랑구 게이트로 가는 길, 운전사 조지는 오늘만이 아닌 '지금만' 사는 남자이다. 가속력이 좋지 않은 차로 왕복 이차선을 제멋대로 넘나들며 다른 차량을 추월한다.

게이트까지 가는 동안 우리는 고기도 사고 캠핑에 필요한 용품들을 샀다. 그리고 한 시간 반을 달려 마랑구 게이트에 도착하여 짐 검사를 받고 입산 수속을 밟았다. 게이트 메인사무실에서 여직원이 나와 내게 주의사항을 말해 준다. 그리고 자전거를 타고 오른 전례가 없으니, 꼭 안전에 주의해 달라고 한다. 나는 우렁찬 목소리로

등반 전 킬리마 게이트 앞에서

대답을 하고 우리 팀과 국립공원 측 직원들과 함께 사진을 찍었다.
마지막으로 100만 원이 넘는 어마어마한 입산료를 지불하고 킬리마
게이트로 출발했다.

　구불구불 나 있는 산길을 달려 드디어 우리의 등반 시작점, 킬리
마 게이트가 나온다. 이 루트는 가이드북에 소개된 적도 없고 국립
공원 측에서만 비상시 이용하는 루트라 다른 게이트와는 다르게 초
라했다. 우리는 차에서 짐을 챙겨 등반 준비를 했다. 포터들의 배낭
을 들어 보니 엄청난 무게라 걱정이 된다. 출발 전 우리는 다 같이

기념사진을 찍고 킬리만자로 품속으로 들어갔다.

처음 코스는 울창한 밀림구역이다. 2㎞ 정도 자전거를 타고 가다가 급경사가 시작되더니 돌이 너무 많아 끌고 갈 수밖에 없었다. 한 발짝 내딛을 때마다 돌과 같이 미끄러져 체력 소모가 심한데다 폭우까지 쏟아진다. 동남아시아에서 흔히 볼 수 있는 스콜과 비슷할 것이라 생각했는데, 1시간이 지나도 비가 그치질 않는다.

체온 유지를 위해 나무 그늘에서 비를 피해 우의를 입었으나, 이미 가방은 다 젖고 손은 새하얗게 질려 버렸다. 벌써부터 힘들다. 당연시 여겼던 정상 등정을 못 할 수 있겠다는 생각이 밀려온다. 오늘은 공식루트가 아니기 때문에 중간 체류지가 없어 목적지인 호롬보 산장까지 무조건 올라가야 한다. 그리고 일반 등산객의 하루 이동거리의 두 배가 넘는 거리에다 고도 적응 없이 갑작스럽게 고도를 높이는 것이기 때문에 많은 우려가 되었다.

나는 젖 먹던 힘까지 내서 자전거를 타고 올라갔다. 하지만 돌들이 굴러다니는 급경사 코스는 도통 끝날 기미가 보이지 않았다. 리더인 아수먼에게 얼마만큼 왔냐고 물어보니, 이제 겨우 전체 코스의 3분의 1을 왔다고 한다. 나는 벌써 모든 체력을 소진한 듯 한데 정말 큰일이다.

더 이상 페달을 밟을 여력이 없어 아수먼에게 점심밥을 먹자고 제안했다. 그리고 우리는 돌바닥에 앉아 비를 맞으면서 도시락을 먹었다. 도시락에 빗물이 고이는 바람에 오히려 밥을 먹을 때 목 넘김이 한결 쉬웠다. 오늘은 갈 길이 멀어 다들 해가 저물기 전 산장에 도착하는 것을 목표로 삼고 숨 고를 틈도 없이 곧바로 출발했다. 점심 식사 후 한 시간은 밥심으로 버텼지만 다시 지치기 시작한다.

무엇보다 나를 지치게 했던 것은 아수먼의 솔직함이다. 나는 "얼마 남지 않았으니까 힘내!"라는 말이 듣고 싶었을 뿐인데, 아수먼은 밀림 지대를 지나 고산지대가 나오니 이제 절반 왔다고 한다. 죽을 힘을 다해 올라왔는데 절반밖에 못 왔다니……. 경사는 더욱 급해지고 돌도 많아졌다. '내가 왜 자전거를 타고 킬리만자로를 오를 생각을 했을까?' 마음속으로 수없이 자책을 하며 올랐다.

나는 멋있고 웅장한 킬리만자로를 차마 볼 수가 없었다. 고개를 들면 고개가 보이기 때문에 땅만 보며 언제 끝날지 모르는 언덕과 사투를 벌였다. '기본 체력이면 괜찮겠지.'라고 생각한 오만함이 불러온 대참사다. TV 다큐멘터리에서 전문 산악인들이 고도가 높을수록 시간당 이동거리가 짧아진다고 했는데, 나는 이해를 못했었다. '4㎞를 이동하는데 어떻게 하루 종일 걸릴까?' 이제야 나는 고산지대에서 한걸음 옮기는 것이 얼마나 힘들다는 것인지 깨달았다.

얼굴에 흙이 많이 튀어 가방 속에 있는 물티슈 백을 꺼냈는데 퉁퉁 부어 있다. 내 몸속의 내장 기관들도 이렇게 부어 있을 생각에 두려워진다. 10걸음 걷고 쉬고 다시 10걸음 걷고 쉬기를 반복했다. 10걸음 걸었던 것도 해가 저물기 전까지 도착해야 된다는 압박감에 가능했던 것이다. 가도 가도 끝이 없는 19㎞의 비탈길 위에서 아수먼과 나는 서로를 다독였다.

삼림지대가 끝나고 관목지대가 나타났다. 관목지대는 나무와 꽃들이 키가 작아 저 멀리 목적지인 호롬보 산장이 보였다. 더욱 힘이 빠진다. 캠핑 장비를 들고 올라오는 포터들도 지쳤는지 시야에

고산 적응 없이 오른 해발 3,000m지점에서부터 영혼이 빠져나갔다

서 사라졌다. 해가 떨어지기 일보 직전, 우리는 오르고 기어올라 드디어 호롬보 산장에 도착했다. 그리고 우릴 마중 나온 산장 관리인들이 박수를 보낸다. 나의 몸 상태는 어느덧 소금 먹은 낙지가 되어 있었다.

날이 저문 킬리만자로의 밤은 기온이 급속도로 떨어져 곧바로 산장으로 들어가 젖은 옷을 갈아입고 침낭으로 들어갔다. 기온과 고도 변화가 심해서 몸이 잘 버텨 줄까 걱정이다. 늦게 도착한 쥬먼과 임마누엘이 나와서 밥을 먹으라고 하지만, 극한의 피로 상태에선

식욕마저 사라져 버린다. 그래도 먹어야 하기에 팀의 요리사인 머세스가 만들어 준 스프를 먹었다. 그리고 메인요리가 나왔는데, 도저히 입안으로 넘기 힘들다.

나는 밥 먹는 것과 씻는 것을 포기하고 산장으로 들어와 그대로 침낭 속으로 피신했다. 군대 시절에 받았던 유격훈련과 운동선수 시절에 받았던 훈련들은 오늘에 비하면 애들 장난에 불과했다. 몸이 많이 힘들지만 한편으로는 청춘을 떠나보내기 전 이런 미친 도전을 했다는 것에 아주 뿌듯했다.

 성공이 보이면 지치기 쉽다.

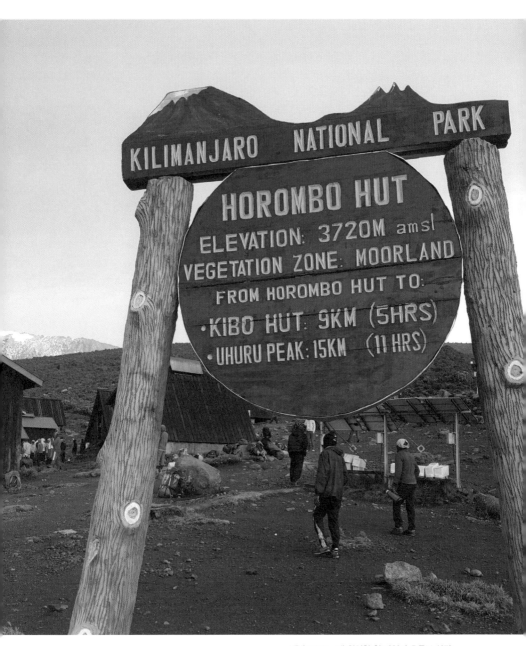

해발 3,720m에 위치한 첫 야영지 호롬보 산장

[탄자니아-킬리만자로]

▼

# 아파도 지쳐도 조금만 더
## - 킬리만자로 등정 2일차

눈을 뜨니 해가 떠 있다. 팀원들도 분명히 지쳐 있을 것이라 생각했는데, 어느새 모두들 일어나 출발 준비를 하고 있다. 정말 대단하다. 나도 바가지에 물을 받아 세수를 했다. 등반 일정 도중에는 샤워 시설이 없어 간단한 세수를 할 수 있는 것도 감사하다. 산장 옆에 있는 취사실로 가니 머세스가 엄청난 양의 수프와 식빵을 가지고 온다. 게다가 볶음밥까지 준다. 나는 다 먹지 못해 음식을 그릇에 나눴다.

그리고 겨우 스프만 떠먹고 있는데, 옆자리에서 한국인 한 분이 인사한다. 킬리만자로에서 한국인을 만나다니! 우리는 반가운 마음에 서로 여행에 대하여 이야기를 나누었다. 그런데 한국분이 진통제를 먹는다. 한국에서 떠날 때 강한 신체를 믿고 진통제 4알만 챙겼는데 아루샤에서 몸살로 인해 이미 다 먹어 약이 떨어진 상황이었다.

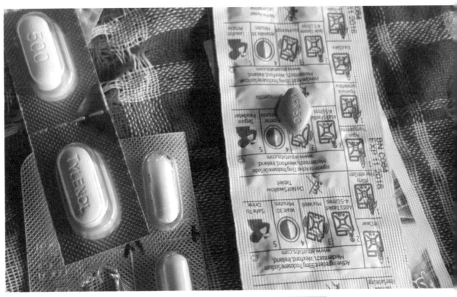

▲ 등산객에게 얻은 진통제
▼ 고생 끝에 도착한 호롬보 산장은 5성급 호텔 못지않게 아늑했다

염치가 없지만 나는 진통제 한 알만 달라고 부탁했다. 그분은 고맙게도 진통제와 고산병 예방에 좋은 비아그라, 설사약 등을 챙겨 주었다. 정말 감사했다. 우리는 일정과 루트가 달라 서로의 여행을 축복해 주며 헤어졌다.

오늘 등반 일정은 비교적 짧다. 호롬보 산장에서 4㎞ 떨어진 므웬지 산장 근처에 가서 텐트를 치고 하룻밤을 묵으면 된다. 어제에 비하면 오늘의 이동거리는 약 5분의 1 수준이므로 간단한 산보라 생각했다. 나는 자전거를 타고 많은 등산객들의 박수 속에 출발했다.

페달을 밟는 발 움직임이 아주 가벼웠지만, 3분도 지나지 않아 숨이 턱 끝까지 차올랐다. 멀리 출발 지점인 호롬보 산장에서는 등산객과 관리인들이 나를 지켜보고 있다. 한국인의 자존심이 걸려 있다. 나는 그들이 시야에서 사라질 때까지 젖 먹던 힘까지 다해 페달을 밟았다. 그러나 곧 자전거에서 내렸다. 극심한 심박수 증가로 더 이상 페달링이 불가했기 때문이다. 이곳은 3,500m가 넘는 지역이라 천천히 걷기만 해도 숨이 가쁜데, 이런 곳에서 신나게 자전거를 탔으니 심장이 요동치는 것은 당연지사이다.

나는 호흡이 안정될 때쯤 다시 자전거를 타고 올라갔다. 1㎞를 올라가는데 2시간 가까이 걸렸다. 1㎞를 2시간 동안 가려면 시속 500m의 속도로 가야 하는데, 자전거로 이렇게 천천히 갈 수 있는 것도 대단한 기록이다. 저 멀리 언덕 위에서 한 사람이 들것에 실려 내려온다. 들것에는 흑인 포터가 누워 있었는데 입에 거품을 물고 눈동자는 흰자만 보인다. 상황이 심상치가 않았다. 능숙한 포터도 갑작스런 고산병 앞에서는 속수무책이다. 만만하게 봐 왔던 킬리만

고도가 높아질수록 호흡이 가빠져 10분 간격으로 휴식시간을 가졌다

바위의 색깔이 얼룩말과 비슷하여 "지브라 록"이라 불리는 킬리만자로의 명소

자로가 무서워졌다. 나는 조심스레 페달링을 했다.

　1시간쯤 달리니, 일반 루트인 키보 산장으로 가는 길과 오늘 우리가 묵을 므웬지로 가는 길이 엇갈린다. 므웬지 산장까지는 1.5㎞밖에 남지 않은 상황이지만, 이 역시 두 시간을 타고 올라가야 했다. 심장은 요동치고 숨을 들이킬 때마다 폐는 생존을 위해 최대한 팽창했다. 산소 농도측정기보다 더욱 예민해진 나의 뇌는 산소결핍을 호소하고 나의 두 다리는 해파리처럼 흐느적거려 땅을 밟고 서 있는 것조차 버거웠다. 비록 오늘은 짧은 거리이지만 어제와 똑같은 고통이다.

나는 그렇게 4㎞를 5시간 넘게 걸려 도착했다. 므웬지 산장은 관리인 없이 작은 목조건물만 달랑 하나있다. 그곳에서는 팀원들이 묵고, 나는 건물과 조금 떨어진 곳에 텐트를 치고 침낭 속으로 숨었다. 이제부터 다음 날 아침까지 쉬면 되지만, 고산의 기운이 나를 괴롭힌다. 가만히 있어도 100m 달리기를 전력 질주한 것 같고 머리가 띵하다. 몸 상태가 좋지 않거나, 고산병이 찾아오는 등 등정에 있어서 여러 변수가 있어 하나라도 무너지면 정상등정을 할 수 없기에 항상 아슬아슬한 마음이었다.

킬리만자로에서 2번째로 높은 므웬지 봉을 병풍삼아 설치된 텐트 밖에는 엄청난 비바람이 분다. 그리고 비바람이 잦아들 때쯤 어김없이 숨 막히는 고요가 찾아온다. 체력적으로 힘든데 정신적으로나마 강해져야겠다는 생각에 한국에서 저장해 온 TV프로그램도 보고 일기도 썼다. 그리고 날이 저물 때쯤 머세스가 저녁밥을 만들어 줬다. 당근수프와 빵 그리고 밥이지만 입맛이 없어 도저히 먹을 수 없었다. 아수먼은 "태준, 이곳에서는 먹어야 사는 것이 아니라 안 먹으면 죽어" 그 말에 깜짝 놀란 나는 열심히 밥을 삼켰다.

킬리만자로는 도시와 다르게 오후7시가 되니 주위가 온통 새까매졌다. 나 홀로 있는 텐트 안, 나도 모르게 잠이 스르륵 들었다. 그리고 악몽을 헤매다 눈을 떠 보니 저녁 11시이다. 이때부터 잠을 청해도 한 시간 간격으로 깼다. 그리고 두통은 더욱 심해져 숨쉬기조차 버거웠다. 어두컴컴한 텐트 안 잠결에 손을 더듬으며 가방을 뒤져 진통제를 먹고 소변을 보러 나왔다. 아프리카에서 느낄 것이라

▲ 므웬지 봉우리를 배경으로 설치된 초라한 나의 텐트
▼ 고산증세로 인하여 작은 양에 음식도 넘기기 힘들었다

그래도 나에게는 꿈이 있다

생각지 못한 엄청난 추위가 온몸을 굳게 한다.

볼일을 마치고 허겁지겁 텐트 안으로 들어가려는데 무심코 쳐다본 밤하늘에는 온통 별로 가득했다. 안경을 쓰고 다시 보니 어마어마한 은하수의 세계가 킬리만자로 하늘에서 펼쳐진다. 나는 두통과 추위는 잠시 내려놓은 채 한없이 하늘을 바라보았다. 너무나도 적막했던 밤. 마치 별들의 반짝이는 소리가 들려오는 것 같다. 그날 밤, 생각지도 못한 킬리만자로의 선물에 나는 다시 기운을 낼 수 있었다.

 먹어야 사는 것이 아니라 안 먹으면 죽는 것.

[탄자니아-킬리만자로]
▼

# 함께여서 가능한 일
## – 킬리만자로 등정 3일차

밤새 두통과 씨름하느라 잠을 제대로 청하지 못해 몸이 찌뿌둥했다. 텐트에서 나와 신발을 신는데 심장이 이유 없이 두근두근 거린다. 오늘은 6.5㎞를 올라야 하는데, 어제 만만하게 생각했던 4㎞를 힘겹게 오르고 나니 자신감이 사라졌다. 머세스는 아침에도 어김없이 음식을 갖다 준다. 콩죽과 식빵, 불고기, 계란전, 소시지.

그리고 어제 들것에 실려 갔던 포터의 사망 소식을 전해 준다. "머세스! 정말이야?!!" 충격이었다. 고인이 된 포터는 머세스의 친구인데, 오늘 키보 산장으로 향하는 다른 친구에게 비보를 전해 들었다고 한다. 나는 숙연한 마음으로 음식을 넘기고 체력 고갈 시 늦춰질 도착 시간을 고려해 이른 시간 출발했다.

키보 산장까지의 길은 대부분 약간의 내리막길이거나 평지여서 나는 자전거로 비교적 손쉽게 5㎞ 지점까지 통과했다. 이제 키보 산장까지 1.5㎞ 남았다는 안내판이 보인다. 하지만 그 너머로 엄청

키보 산장으로 오르는 길, 장대비와 바퀴가 푹푹 빠지는 노면 상태는 나를 극한으로 몰아세웠다

난 언덕이 보이며, 어제의 그 1.5㎞ 공포가 밀려온다. 오늘도 어제와 마찬가지로 한 걸음 걷고 5분을 쉬었다. 다른 것은 참을 만한데 숨이 가쁜 것이 너무 억울하다. 한 발짝 움직이는데 100m 달리기를 한 것 같으니 억울해 죽겠다.

그렇게 1.5㎞ 구간을 2시간 넘게 소요해 드디어 키보 산장에 도착했다. 키보 산장은 정상을 향하는 마지막 관문이므로 이곳에서 쉬었다가 오늘밤 11시에 다시 정상으로 야간 산행을 진행할 예정이다. 이곳의 위치는 해발 4,700m이므로 고도가 높아 나의 심장은 쉴 틈이 없었다. 신발을 벗을 때도 헥헥헥, 옷을 때도 헥헥헥, 그냥 숨만 쉬어도 헥헥헥…….

나는 체력 보전을 위해 작은 방에 침낭을 펼치고 눈을 감았다. 한 시간 정도 자고 일어나니 두통이 더욱 심하다. 몸의 생체리듬이 완전히 바뀌어서 그런 것 같다. 점심을 먹어야 하는데 3일째 입맛이 없어 입안으로 음식물을 넘기기 쉽지 않다. 열심히 빵 조각을 물에 적셔 먹고 다시 자리에 누워 있는 나에게 아수먼은 오늘이 가장 힘들 것이라고 한다. 첫째 날 정말 죽을 것 같았는데 그보다 더 힘들다니……. 감히 그 고통이 상상이 되질 않는다.

키보 산장에서 우후르 피크까지 6㎞가 채 안 되는 구간인데 아마 지옥이 될 것 같다. 저녁 시간이 되어 머세스가 성공 기원으로 토마토 스파게티를 만들어 주었다. 킬리만자로에서 먹었던 음식 중에 가장 맛있었다.

식사를 마친 뒤 아수먼이 이야기를 하자고 한다. 무슨 이야기인가 싶었는데, 팁에 대한 이야기이다. 나는 팁을 아낄 생각이 전혀

없었다. 우리의 도전은 값어치로 따지기에는 너무나 고생스러웠기 때문이다. 캠핑 장비를 짊어지는 임마누엘이 없었다면, 내가 힘들 때마다 옆에서 도와주던 쥬먼이 없었다면, 내가 지쳐 쓰러질 때마다 음식을 가져다 준 머세스가 없었다면, 난 이곳까지 도착하지 못했을 것이다. 정말 이들을 보면 존경스럽다. 하지만 이렇게 힘든 노동력을 제공하고 얼마 되지 않는 임금을 받는 것이 안타까운 현실이었다.

우리 모두 고생했으니 일반적인 팁의 2배를 주겠다는 나의 말에 모두들 기뻐한다. 그래, 차라리 내가 한국에 가서 더욱 열심히 일하면 된다. 전혀 아깝지 않았다. 우리 팀은 사기가 올라가고 당장이라도 정상정복을 할 수 있을 것 같았다.

 **깨달음** <u>고산에서 시원한 음료, 맛있는 음식보다 더욱 간절한 것은 바로 산소!</u>

[탄자니아−킬리만자로]
▼

# 한 걸음 모아 정상
## − 킬리만자로 등정 4일차

누군가가 가만히 흔들어 깨우는 손길에 눈을 떠 보니 모두들 군대 5분대기조 비상 상황처럼 허겁지겁 일어나서 전투 준비를 한다. 나도 서둘러 가져온 옷을 모두 챙겨 입고 밖으로 나갔다. 정상까지는 나, 아수먼, 임마누엘 이렇게 셋만 올라간다. 나는 자전거를 타고 올라가야 하기에 한 시간 정도 일찍 출발했다.

칠흑같이 어두운 밤, 헤드랜턴 불빛에 의존해 정상을 향해 올라갔다. 시작부터 경사가 심해, 타고 있던 자전거는 내려 끌고 올라가야 했다. 지금부터 길만스 포인트까지 약 5시간 소요된다. "딱 5시간만 영혼을 내려놓자." 하지만 그 다짐은 5분도 채 안 돼 나의 발걸음을 멈추게 했다. 숨이 너무 차오른다. 지금 이 순간만큼은 자전거가 세상에서 가장 미운 원수 같다.

고개를 돌려 뒤에 따라오는 다른 일행을 볼 때마다 아수먼이 자꾸 뒤돌아보지 말고 본인 발만 보라고 한다. 그렇지 않으면 우리는 정

해발 5,000m부터는 아프리카에서 보기 힘든 설산에 풍경이 나타난다

그래도 나에게는 꿈이 있다

인생의 쓴맛을 봤던 오르막길

59

상까지 못 간다고 단언한다. 도대체 왜 자기 발만 보고 올라오라는 것일까? 궁금한 것은 참을 수 없던 나는 고개를 들어 위를 쳐다보았다. 순간 아수먼이 왜 발만 보고 오라고 했는지 직감했다. 눈앞에는 엄청난 봉우리의 실루엣이 내 앞을 가로막고 있었다. 거대한 봉우리 앞에 나는 순식간에 초라해졌고, 정상등정에 대한 의지가 강하게 꺾였다. 아수먼도 눈치 채고 왜 올려다봤냐고 야단친다. 괜한 호기심으로 인해 기운이 다 빠졌다.

엎친 데 덮친 격으로 하얀 눈이 쌓인 등산로는 나를 더욱 힘들게 했다. 일단 쉬어야겠다. 가파른 코스에서 평평한 곳을 찾아 주저앉았으나 아수먼이 바로 일어나라고 한다. "태준! 쉬면 더욱 힘들어." "아수먼, 그럼 안 쉬면 안 힘들어?" "응!"

나는 아수먼의 단호함에 어쩔 수 없이 도축장에 소 끌려가듯 따라갔다. 심장은 자꾸 살려 달라며 내 가슴에 분노의 노크질을 한다. 나는 더 이상 못 갈 것 같아 그대로 드러누웠다. 아수먼이 나를 가만히 보고만 있다. "태준, 안 추워?" 맞다, 가만히 있으니 엄청나게 춥다. 올라가면 미친 듯이 숨이 차오르고, 멈추면 강한 추위에 견딜 수가 없었다. 나는 돌이킬 수 없는 딜레마에 빠져 버린 것이다. 가만히 생각해보니 얼어 죽는 것보다 힘들어 죽는 것이 미관상 좋을 듯하여 다시 눈을 질끈 감고 오르기 시작했다.

밤하늘의 시린 공기는 나의 뜨거운 가슴을 식혀 주고 있었다. 눈이 쌓인 급경사와 돌밭들이 계속 되는 가운데 날이 점차 밝아 온다. 이제는 헤드랜턴 없이 사물 식별이 가능하다. 고개만 푹 숙이고 올라가니, 드디어 정상정복의 첫 포인트인 길만스 포인트가 나타났다. 이제 정상까지 얼마 남지 않았지만 극한의 상황에서의 사람은 긍정보다는 부정적으로 바뀌는 법. 아직 한 시간 반이나 남았다. 게다가 이번에는 졸음이 쏟아져 온다.

나는 길만스 포인트 지점에서 꾸벅꾸벅 졸았다. 아수먼이 일어나라고 흔들어 깨운다. "태준, 여기서 잠들면 진짜 죽어!" 죽음의 어머니는 잠인 것일까? 아수먼의 말에 개의치 않고 잠이 쏟아진다. 그래도 살아야 하는 법! 나는 비몽사몽으로 다음 포인트인 스텔라 포인트를 지나 드디어 정상인 우후르 피크에 도착했다. 그리고 태극기를 펼치고 우후르 피크에서 멋지게 사진을 찍었다.

고생 끝에 도착한 우후르 피크에서는 기쁨, 슬픔, 감동 따위는 없었다. 모든 것이 꿈만 같고 영화 속의 한 장면 같았다. 킬리만자로는 고생했다는 선물로 지금까지 흐렸던 날씨를 기적처럼 맑게 만들어 멀리 설산들을 보여 줬다. 행복하다. "정말 고생했다. 태준아!" 그간 준비해 왔던 모든 과정들이 이토록 멋진 결과를 만들어 냈다.

이제는 하산을 해야 할 시간. 나는 자전거를 타고 내려가려 했지만, 아수먼이 낭떠러지로 떨어진다고 자꾸 말린다. 나는 아수먼의 만류에 못 이겨 어쩔 수 없이 자전거를 끌고 내려왔다. 게다가 자전거의 브레이크 방식이 기계식 디스크브레이크 방식인데, 기온이 워낙 낮아 케이블이 얼어 작동하지가 않는다.

인생사 오르막길이 있으면 내리막길이 있어야겠지만, 자전거를 상전으로 모시며 내려오는 내리막길은 오르막길만큼 힘이 들었다. 길만스 포인트를 지나 새벽에 올라왔던 지옥 같은 지그재그 길이 나

킬리만자로 MTB 등정 성공!

그래도 나에게는 꿈이 있다

63

PART 1 · 검은 대륙

타난다. 이곳도 역시 돌들이 많아서 자전거를 탈 수 없었다. 앞 브레이크만 작동되었더라면 좋았을 텐데…….

나는 자전거를 끌고 내려오다 고생한 것이 너무 억울해 무작정 급경사에서 자전거를 탔다. 자전거의 앞 브레이크는 제동을 담당하고 뒤 브레이크는 방향 전환용으로 사용하였는데, 지금은 뒤 브레이크만 사용할 수 있으니 제동과 방향을 동시에 제어해야 했다. 나는 일부러 뒷바퀴를 좌우로 틀면서 제동과 방향 전환을 했다. 하지만 속도조절이 안 돼 큰 바위에 처박히기 일쑤였다. 아수먼은 나를 강가에 내놓은 아이인 것처럼 자꾸 걱정한다.

"아수먼, 걱정 마. 난 넘어지는 것도 재밌어." "태준, 너 사고 나면 내 가이드 라이센스 취소돼!" 처음 알게 된 사실이었다. 그래서 아수먼은 나를 계속 말리고 있었던 것이다. 나의 재미를 위해서 아수먼의 생계를 잃게 하고 싶지 않아, 다시 자전거를 끌고 내려왔다.

긴장이 풀렸는지 내려오는 동안 다리의 힘이 풀리고 어지럽다. 고도를 급격하게 높였다 내리니 생체 리듬이 완전히 무너진 모양인지 몸을 지탱하기가 어렵다. 내리막길만 계속 걷는 것도 매우 힘든 일이었다. 저 멀리 키보 산장이 손에 닿을 듯하지만 한참을 걸어도 쉽사리 다가오지 않는다. 나는 앉아서 쉬다가 다시 열심히 걸어 키보 산장에 도착했다.

산장 입구에 쥬먼이 나를 마중 나왔다. 나는 쥬먼의 부축을 받은 채 산장에 짐을 풀어 놓고 바로 드러누웠다. 머세스가 스프와 밥을 갖다 주었지만 킬리만자로는 나의 체력과 영혼뿐만 아니라 식욕까지 앗아갔다. 도저히 음식을 입안에 넘기기 힘들다. 나는 머세스에게 요리 말고 과일만 달라고 부탁했다. 머세스는 곧이어 파파야, 망고, 파인애플을 썰어 왔고, 나는 누워서 몇 개 집어 먹다가 잠들었다. 누군가 깨우지 않았다면 영원했을 잠이다.

그 잠은 얼마 못 가 아수면과 임마누엘에 의해 깼다. 오늘은 다시 호롬보 산장까지 내려가야 한다. 나는 정신을 가다듬고 다시 무거운 배낭을 짊어지고 자전거에 올라탔다. 키보 산장에서 호롬보 산장까지는 자전거를 타고 내려가기에 최고의 길이다. 나는 브레이크를 잡을 생각도 없이 내리막길을 내려가기 시작했다. 길이 구불구불 나 있어 속도가 붙을수록 코너를 도는 데 아슬아슬했다.

코너를 모두 빠져나오고 가속도가 급격히 붙은 채 활강구간에 들어섰다. 돌 하나만 잘못 밟으면 모든 것이 끝이다. 나는 시선을 최대한 멀리 보며 장애물들을 대처해 나갔다. 속도계는 없었지만 긴 내리막길 덕분에 시속 60㎞ 가까이 속도가 난 것 같다. 그런데 이상하다. 올라왔던 길이 아니라, 처음 보는 길이 나타났다. 황량한 대지 위에 나 혼자 있다. 길을 잃어버린 것이다. 멀리 사람이 보여 열심히 페달을 밟아 쫓아갔다. 그리고 청년에게 호롬보 산장까지의 길을 물으니, 길을 따라 쭉 가라고 한다.

나는 무거운 몸이었지만 그 무엇과도 바꿀 수 없는 해방감을 맛보았다. 아무도 없는 킬리만자로의 숲길. 아팠던 몸은 지금 이 순간을 즐기라는 듯 컨디션을 회복하였다. 터벅터벅 호롬보 산장으로 가는 길, 등산객의 짐을 옮기며 생계를 꾸려 가는 청년 두 명이 앞으로 지나가고 있었다. 그리고 내가 힘에 겨워 보였는지 자전거를 끌어 주겠다고 한다. 낯선 친절을 경계해야 하지만 체력이 떨어져 어쩔 수 없이 그들에게 자전거를 맡겼다.

청년들은 힘들지도 않은지 순식간에 내려가는 바람에 나와 거리가 상당히 멀어졌다. 괜히 불안했다. "자전거를 가지고 도망가면 어쩌지?" 하지만 이런 의심이 무색하게 친구들은 호롬보 산장 입구까지 자전거를 갖다 놓고 나를 기다리고 있었다. 나는 청년들에게 고맙다는 인사를 나누고 호롬보 산장에 도착했다.

그저께 봤던 산장지기가 산장으로 안내해 준다. 허름한 방도 지금 이 순간만큼은 나에게 특급호텔이다. 짐을 풀고 그 자리에서 잠이 들었다. 얼마 있을까, 노크소리가 들린다. 아수먼이다. "왜 혼자 내려갔어!" "미안해, 중간에 길을 잃어버렸어." "다음부터는 함께 다녀야 해." "알겠어."

곧이어 저녁 시간이 되었다. 하지만 집 나간 입맛은 쉽사리 돌아오지 않는 법, 게다가 맨밥에 양념 안 된 나물이라서 더욱 그랬다. 이번에도 나는 머세스에게 과일만 달라고 했다. 고맙게도 머세스는 파인애플과 망고, 바나나를 먹기 좋게 갖다 주었다. 시큼함과 달콤함이 있는 과일은 입맛을 돌게 해 줬다. 나는 과일 한 접시를 다 먹고 호롬보 산장의 노을을 바라보았다. 킬리만자로의 노을은 참 예쁘다. 나는 지쳤던 몸을 충전하기 위해 방으로 들어가 일찍 잠을 청했다.

깊은 밤, 요의가 생겨 꽁꽁 언 몸을 이끌고 밖으로 나갔다. 밖에는 수많은 별들이 반짝이고 있다. 나는 산장 앞에 앉아 음악을 들으며 별들을 바라보았다. 나의 마음속에는 산악자전거 선수 생활을 하면서 꿈꿨던 올림픽을 출전하지 못하였던 것이 마음의 미련으로 남아 있었다. 하지만 킬리만자로에 등정을 성공하고 나의 미련은 그날 밤, 킬리만자로의 별이 되어 마음속에서 사라졌다.

 이루지 못한 꿈은 평생 따라다닌다.

▼

# 모든 일엔 끝이 있는 법
## - 킬리만자로 등정 마지막 날

정상등정에 성공한 뒤 기분이 한결 편해 푹 잤다. 오늘은 내려가기만 하면 된다. 나는 아침부터 분주히 과일을 챙겨 먹고 짐을 챙겼다. 그리고 뒤쳐질 것을 고려해 일행들보다 먼저 출발했다. 아침 7시의 킬리만자로는 참으로 싱그럽다. 처음에는 바닐라향이 숲 속을 가득 채웠다가 내려갈수록 상쾌한 풀잎 향이 나고, 세상을 따뜻하게 덮어 줄 것 같은 뭉게구름들은 미소를 짓고 있었다. 하산하는 것은 생각보다 금방이다.

이번에는 자전거를 타더라도 아수먼을 추월하지 않기로 약속하고 내려가는 것이라, 첫날과는 다르게 느긋이 숲을 즐길 수 있었다. 고도에 따라 변해 가는 식물과 꽃들을 보면 신기했다. 몸과 마음이 여유로우니 드디어 주변을 바라볼 수 있었다. 우리 팀은 정말 빠른 속도로 내려갔다. 자전거로 하산할 때 국립공원 측에서 안전하게 내려올 것을 신신당부하여 나는 가장 후미에서 팀이 멀어지면 자전거

그래도 나에게는 꿈이 있다

"당신 생각이 절실하다"라는 꽃말을 가진
킬리만자로의 요정 트리토마

를 타고 다시 따라잡는 방식으로 내려갔다.

그런데 가만히 보니 머세스가 다리를 절고 있다. "머세스! 왜 다리를 절어? 다리 아파?" "10년 전에 났던 교통사고 후유증인데 하나도 안 아파." 하지만 나의 마음은 아프다. 이제야 머세스의 후유증을 알게 된 나의 무관심에 속상했다. 어쩐지 머세스는 등반 중 항상 뒤쳐져 있었다. 산소를 마구 뿜어내는 산림지대를 통과하여 드디어 첫째 날 출발 지점이던 킬리마 게이트에 도착했다. "야호, 모든 것

양털구름이 가득한 호롬보 산장의 아침

그래도 나에게는 꿈이 있다

71

이 끝났다!" 그동안 고생한 것을 생각하니 눈물이 앞을 가렸다.

　1시간정도 게이트에서 쉬고 있을 때쯤, 오늘만 사는 정열의 남자 조지가 봉고차를 타고 왔다. 우리는 차에 짐을 싣고 하산 수속 절차를 밟기 위해 마랑구 게이트로 향했다. 나는 마랑구 게이트에서 하산 수속을 밟고 등정 성공 인증서를 받았다. 그리고 에이전시 사무실로 갔다. 사무실에서 사장님이 우릴 반겨 주신다. 우리는 가게 앞에서 기념사진을 찍고 맥주 파티를 벌였다. 그리고 모두들 집으로 돌아갈 시간 팁을 넉넉하게 챙겨 주고 멋진 악수로 마지막 인사를 나눴다.

　"머세스, 네가 만들어 준 과일 샐러드는 세상에서 제일 맛있었어! 임마누엘, 쥬먼, 피터! 힘들게 올라가면서도 웃음 잃지 않게 재밌는 이야기들을 들려줘서 정말 즐거웠어. 마지막으로 리더 아수먼! 너는 킬리만자로 최고의 가이드야. 내가 포기하고 싶을 때마다 다독여 주어서 정말 고마워. 모두들 고생했고 감사합니다."

　팀원들은 나에게 남은 여행을 잘하라고 안녕을 기원해 준다. 모두 집으로 떠나는 길, 나는 그들의 뒷모습을 하염없이 바라보다 한참이 지나서야 가게 안으로 들어왔다. 짧았지만 강렬했던 그들과의 우정은 나의 마음속을 적적하게 만들었다. 그 마음을 아셨는지 ,사장님은 얼큰하게 끓인 김치찌개를 갖다 주셨다. 등정 중 입맛이 없어 과일만 먹었었는데 나는 어느새 밥 한 그릇을 말아 싹싹 비웠다.

 <u>우정의 깊이는 시간에 비례하지 않는다.</u>

▲ 너무나 싱그러웠던 킬리만자로의 숲내음
▼ 등정 성공 후 팀원들과 함께. 왼쪽부터 쥬먼, 피터, 머세스, 나, 아수먼, 임마누엘

[탄자니아-다르에스살람]

▼

# 뒷골이 오싹해

킬리만자로에서 큰 숙제를 해결하고 탄자니아 실질적인 경제 수도, 다르에스살람행 버스를 탔다. 버스를 타고 가는 내내 탄자니아의 정겨운 시골 풍경과 드넓은 초원이 펼쳐진다. 그로부터 9시간 뒤, 다르에스살람 북쪽 우붕고 터미널에 내렸다. 터미널은 다르에스살람 시내와 거리가 멀어 나는 하는 수 없이 택시를 탔다.

"다르에스살람 시내까지 요금이 얼만가요?" "20,000실링." 한화로 따지면, 1만 원의 요금이었다. 하지만 나는 거리가 가늠되지 않아 택시 기사의 말에 반박할 수가 없었다. "그럼 페리 터미널에 들려서 잔지바르행 티켓을 예약하고 근처 값싼 호텔로 데려다주세요." "OK! 나만 믿어."

그런데 택시 기사가 데려다준 곳은 페리 터미널이 아니라 여행사였다. 여행사 아저씨가 승선료를 터무니없이 비싸게 부른다. 나는 곧바로 나와 택시 기사에게 인터넷으로 알아본 것과는 다른 가격이

다르에스살람으로 향하는 길, 잠시 들린 휴게소에서는 아프리카의 신선한 과일을 저렴하게 팔고 있었다

라고 따졌다. 그러자 택시 기사는 자연스럽게 차를 후진시켜 바로 뒤에 위치한 페리 터미널에 내려 줬다. 아무래도 여행사에 중개수수료를 받으려던 속셈인 것 같았다.

　나는 페리 터미널에서 잔지바르행 티켓을 예약하고 택시 기사가 데려다준 호텔로 갔다. 호텔은 가이드북에도 소개되고 페리 터미널과도 가까워 만족했지만, 호텔 외관을 보니 간판에 알파벳들이 여기저기 떨어져 있고 건물은 마치 전쟁터에서 폭탄이라도 맞은 듯 여기저기 부서져 있어 왠지 모를 공포감이 밀려왔다. 하지만 근처에는 호화스러운 숙소 말고는 중저가 형 호텔을 찾기가 힘들어 어쩔 수 없이 호텔에 들어갔다.

다행히 내부는 나쁘지 않았다. 나는 로비에서 결제를 하고 싱글 룸을 배정받았다. 그리고 방으로 올라간 뒤 말끔히 샤워를 했다. 이제는 저녁을 먹어야 할 시간. 밖으로 나가니 일요일이라 문을 연 곳이 없었다. 다르에스살람은 전쟁 후 폐허가 된 도시처럼 썰렁하다. 주위를 둘러봐도 제대로 된 식당은 하나도 보이질 않는다.

겨우 호텔 주위에서 노천 식당을 발견했는데, 이제야 장사 준비를 하는 것 같았다. 주방장 아저씨에게 음식 메뉴를 물어보니 20분 뒤에나 먹을 수 있다고 한다. 나는 주위를 둘러보고 다시 오겠다고 했으나 둘러볼 주위가 없었다. 그래서 다시 식당으로 돌아왔다. 노천 식당에는 메뉴판이 없어 직접 골라야 한다. 식당 앞에서는 꼬치가 지글지글 구워지고, 닭다리가 숯불에 노릇노릇 구워지고 있다. 게다가 그 유명한 잔지바르 피자도 있다. 배가 고팠던 나는 잔지바르 피자, 닭 한 마리 그리고 꼬치를 종류별로 주문했다.

먼저 주문했던 콜라를 다 마셨을 때쯤 음식이 풍성하게 나왔다. 치킨과 꼬치 사이에 잔지바르 피자가 있고, 알 수 없는 향신료와 소스가 가득하다. 미각·후각·시각적으로 완벽하게 이국적인 음식들이다. 맛을 보니 허름한 겉모습의 식당과는 다르게 깊은 맛이 느껴진다. 고기에는 숯불향이 배어들어 그 맛을 더했고, 이색적인 잔지바르 피자는 입맛을 돋우었다.

나는 식사를 마치고 산책할 겸 다르에스살람의 밤거리가 궁금해서 호텔 주변을 돌아서 들어가기로 했다. 그런데 깜깜한 밤이 되었

저렴한 가격으로 통닭과 각종꼬치, 잔지바르 피자, 감자튀김까지 즐길 수 있었다

음에도 도시의 가로등의 수가 적어 어두컴컴하다. 다르에스살람에 저녁이 찾아오니, 음산한 기운과 함께 온통 암흑으로 돌변했다. 어둠의 거리를 걸으니 오싹한 기운이 느껴진다. 사람들의 피부색이 어두워 잘 보이지 않는다. 어디선가 사람들이 불쑥불쑥 튀어나온다. 다르에스살람은 명색이 국가의 중심 도시인데 세기 말 지구를 연상케 한다.

어느 책에선가 다르에스살람 여행에 대해 쓴 글을 본 적이 있는데, 저자는 밤거리가 워낙 무서워 런닝셔츠만 입고 마구 뛰었다는

초저녁이지만 음산한 분위기가 가득했던 다르에스살람의 거리

데 그 심경이 바로 이해됐다. 간신히 보이는 건물의 불빛들은 안정기가 고장 났는지 불규칙적으로 깜박인다. 어두운 골목에는 검은 무리의 사람들이 모여 대화를 나누고 있다. 길거리에 방황하는 개들의 눈빛에는 살기가 가득하다.

긴장하지 않은 듯 애써 태연한척 거리를 걷고 있으니, 뒤에서 사람들이 소리 없이 따라온다. 다르에스살람의 밤은 도무지 알 수 없는 긴장감과 음산함으로 가득 차 있었다. 곧 허물어질 것 같은 낡은 건물에서 부식된 문이 파열음을 내며 열리더니, 성인 남정네들이 거친 음성으로 싸우기 시작한다. 길거리가 어두워 음성으로만 전해지는 다툼은 나를 공포의 도가니로 몰아넣었다.

　나는 무작정 뛰기 시작했다. 내가 뛰니 어둠속에서 무엇인가 같이 뛰기 시작한다. 식은땀이 주르륵 흐른다. 정체를 알 수 없지만 잡히지 않게 전력 질주를 하여 가까스로 호텔로 도착했다. 그날 밤, 나는 좀비에 쫓기는 꿈을 꾸었다.

 인간이 느끼는 공포의 근원은 어둠에서 시작된다.

[탄자니아-다르에스살람]
▼

# 세상의 고요를
# 온몸으로 느끼다

    오늘은 잔지바르로 가는 날이다. 나는 오전 시간대의 페리를 예약해서 아침 일찍 일어나 샤워를 하고 페리터미널까지 걸어갔다. 다르에스살람의 아침은 저녁과는 다르게 활기차다. 거리는 자동차와 오토바이로 가득하고, 수많은 인파는 어디론가 향해 제각각 갈 길을 간다. 배를 타기 위한 탑승게이트 앞거리에는 엄청난 줄이 늘어져 있다.

    탄자니아의 아침 햇살은 얼마나 뜨거운지 벌써부터 땀이 삐질삐질 난다. 자동차들의 뜨거운 매연까지 한몫 더했다. 탑승 게이트가 열리고 사람들이 입장하기 시작했다. 처음에는 여권과 티켓 확인 절차가 있고, 다음에는 수화물 검사를 진행한다. 잔지바르는 탄자니아의 독립자치구라 마치 출국 절차와 같은 과정을 거친다. 나는 모든 탑승 절차를 마치고 승선했다. 내가 탄 배는 킬리만자로5호인데 최신식 시설을 자랑한다. 게다가 쾌속선이라 한숨 자고 나니 잔지바르에 도착했다.

터미널에 도착하자마자 나의 기동성을 앞세워 제일 먼저 선박에서 내려 여권에 스탬프를 받고 항구를 유유히 빠져나왔다. 나는 바다 빛깔이 아름다운 잔지바르의 북쪽 능귀 마을에 가기로 결정했는데, 이 더운 날씨에 한시라도 맘 편하게 능귀로 가고 싶어 과감히 택시를 타기로 했다. 그리고 수많은 호객꾼들 사이로 가장 나이 드신 할아버지에게로 가서 흥정 끝에 30달러로 능귀를 가기로 했다.

능귀 마을은 택시비가 아깝지 않을 정도로 항구에서 상당히 먼 거리였다. 택시는 수많은 검문소에 멈춰서 신원 확인을 받고, 한 시간 반쯤 달려 능귀 마을에 도착했다. 나는 잔지바르에서만큼은 좋은 숙소에 묵고 싶었다. 택시 기사 할아버지는 내가 생각하고 있는 가격대에 좋은 리조트로 데려다주셨다.

오늘 내가 묵을 스마일비치리조트는 어느 동남아시아의 휴양지와 같이 해변을 끼고 있어 접근성이 편리했다. 특히 호젓하고 평화로워 좋았다. 내 방은 더블 룸이라 넓었다. 가방을 풀고 나니 배가 고파 일단 점심부터 먹어야겠다는 생각에, 리조트 식당에 들어가 잔지바르 특선 해물 요리를 주문했다. 해산물 요리에는 문어와 감자칩이 나왔는데, 문어가 인도양의 바닷물을 마시며 자랐는지 짭조름한 게 상당히 맛있었다.

리조트 앞에는 하얀 백사장에 에메랄드 빛의 바다가 있고 하늘은 진한 파란색이다. 바로 이곳이 지상낙원이다. 나는 평소 좋아하는 음악을 틀어 놓고 한동안 사색을 즐겼다. 그러나 아름다운 바다를 보고만 있을 수는 없는 법. 나는 호텔에서 스노쿨링 장비를 빌려 바

여행사 광고에서 나올듯한 풍경을 자랑하는 잔지바르

다로 들어갔다. 바닷물은 정말 맑아 깊은 곳까지 훤히 보였고, 뜨거운 날씨와는 다르게 시원하다.

바다의 아름다움에 푹 빠져들어 조금씩 욕심 부리던 것이 어느새 먼 바다까지 나오자, 이번에는 잠수 욕심이 들었다. 잔지바르 앞바다에는 무엇이 살까? 나는 숨을 한번 크게 내뱉은 뒤 잠수를 하여 바닷속으로 들어갔다. 수많은 열대어들과 형형색색의 산호들을 보니 신기했다.

그렇게 수면 위를 오르락내리락하며 바다 세계를 탐험하다 바위

잔지바르 앞바다는 맑고 투명해 다양한 열대어와 산호초를 만날 수 있었다

틈에서 이상한 물고기와 눈이 마주쳤다. 표정이 워낙 괴상해서 그 대로 멈춰 있는데, 어류 도감에서 본 물고기다. 바로 성격이 포악한 곰치로, 생긴 것도 꼭 뱀 같아 매우 징그럽다. 순간 몸에 소름이 돋 아 바로 수면 위로 올라와 허겁지겁 도망쳤다. 몸의 움직임이 민첩 하지 못한 물속에서 이상한 물고기를 만나면 정말 겁이 난다.

나는 다시 해변가로 나와 비치 체어에 앉아 책을 읽었다. 세상이 고요하고 한적하다. 책을 보다가 책 너머 에메랄드 빛 바다에 시선 을 빼앗겼다. 여행사 광고에서 보던 광경이다. 나는 독서에 집중이 되지 않아 그대로 누워 눈을 감고 파도소리와 갈매기의 울음소리를 자장가 삼아 따뜻한 낮잠을 잤다. 킬리만자로를 등정하느라 쌓였던 피로를 푸는 휴식이라, 그 가치는 더욱 배가되었다. 이대로 모든 것을 멈추고 싶다.

한참을 자다 깼다. 옆에 놔둔 핸드폰에서는 잔잔한 음악이 흘러나온다. 해변가 펍에서 시원한 땀방울이 맺힌 맥주를 하나 들고 와 마셨다. 그리고 다시 눈을 감았다. 천국이 따로 있을까? 바로 이곳이 천국이다.

 깨달음 <u>천국은 지구 안에 있다.</u>

|

[탄자니아-잔지바르]

▼

# 모두가
# 평등해지는 저녁

잔지바르의 자랑 능귀 해변에서 현지 버스인 달라달라를 타고 스톤타운으로 왔다. 스톤타운은 아랍, 인도, 아프리카, 유럽 사이의 무역이 활발히 이루어져 무역 중심지로 천년 이상 역할을 해왔다. 이러한 환경으로 인해 잔지바르의 스톤타운은 여러 문화들이 융합되어 이곳만의 독특한 문화가 만들어진 까닭에 세계문화유산으로 지정 되었다.

나는 이런 스톤타운 매력에 기대했다. 스톤타운에 도착했으니 이제 숙소를 정해야 한다. 어제는 호텔의 호화로움을 느꼈으니, 이제 다시 값싼 백팩커스로 복귀해야겠다. 나는 스톤타운 근처에 값싼 백팩커스를 숙소로 결정하고 짐을 풀자마자 밖으로 나왔다. 스톤타운 도심은 미로 같은 골목을 가지고 있어 길 잃어버리기가 쉽다. 하지만 길을 잃어버리는 것 또한 이곳만의 색다른 재미이다. 어디에서 무엇이 나올지 모르는 신비한 골목길들을 걷다 보면 골목마다 신

**85**

기한 로드샵들이 나온다.

　나는 날씨가 워낙 더워 땀을 많이 흘린 탓에 목이 말랐다. 마침 노점에서 주스로 만들고 있었는데, 주인아저씨에게 재료를 물어보니 사탕수수란다. 사탕수수를 롤러에 넣고 짓이겨 나오는 즙을 모아 주스로 팔고 있는 것이다. 사탕수수 주스는 무슨 맛일까? 그냥 지나칠 수 없었다. 주인아저씨는 사탕수수 주스를 유리컵에 가득 담아 건네준다. 처음에 상큼한 향에 이어지다가 달콤함이 느껴지는 것이 상당히 독특한 맛이다. 나는 그냥 떠나기 아쉬워 테이크아웃

생산, 유통, 판매가 한 곳에서 이뤄지는 어수선한 잔지바르의 어시장

▲ 시중에서 파는 음료수보다 더욱 달콤하고 상큼한 향이 났던 사탕수수 쥬스
▼ 옹기종기 모여 놀고 있는 스톤타운 골목의 아이들

잔지바르에 명소 포로다니 야시장에는 해산물을 비롯한 다양한 먹거리가 가득했다

으로 한 잔 더 들고 골목길을 배회했다.

이번에는 수많은 상점들을 지나 사람들이 살고 있는 주거공간이
나왔다. 건물 사이로 스며드는 햇살 속에 아이들은 해맑은 웃음이
가득하다. 어렸을 적 동네친구들과 술래잡기를 하며 뛰놀던 것이
불현 듯 떠오른다. 또 다음으로 이어지는 골목에는 규모가 제법 큰
재래시장이 있다. 시장 안에는 싱싱한 열대과일과 중국산 물품들이
가득했다. 도로 한편의 바나나를 든 청년이 나를 보고 중국사람 인
줄 알고 쿵푸 자세를 취한다. 나도 똑같이 따라하니, 주변 사람들

그래도 나에게는 꿈이 있다

모두가 즐거워한다.

그렇게 스톤타운 골목에서 동네 사람들과 시간을 보내니 어느덧 해가 저물어 갔다. 나는 발걸음을 옮겨 해질녘 사람들이 가장 많이 찾는다는 포로다니 광장으로 갔다. 아이들은 광장 앞바다로 다이빙을 하며 서로 누가 더 멋진 포즈를 취할 수 있는지 대결하고 있었다. 황금빛으로 물든 바다 위에 비친 아이들의 실루엣이 한 폭의 풍경화 같다. 잔지바르에 석양은 피부 색깔과는 관계없이 모든 것을 검게 비춰 준다. 모두가 평등해지는 저녁이다.

나는 광장 한편에 열리는 야시장에서 값싼 해산물 구이와 맥주를 하나 구입해서 벤치에 앉았다. 그리고 바다 너머로 해가 사라질 때까지 바라보며 잔지바르와 작별의 인사를 나눴다.

 인간은 자연 앞에서 모두 평등하다.

무언가 특별했던 잔지바르의 석양

그래도 나에게는 꿈이 있다

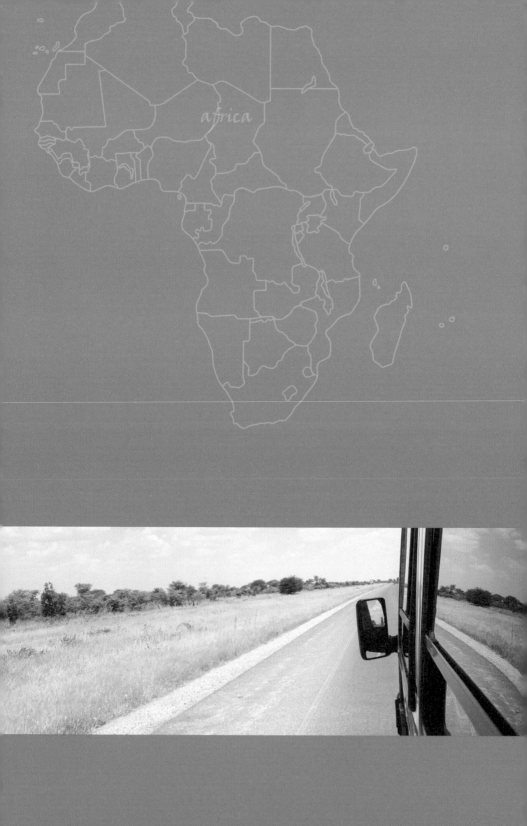

PART. 2

# 사람
# 냄새

I

▼

# 말은 달라도
# 맘이 같다면

잔지바르에서 잠비아의 관광도시 리빙스턴으로 이동했다. 나는 공항에서 택시를 타고 리빙스턴 시내에 내려 바로 눈앞에 보이는 백팩커스로 들어갔다. 숙소의 규모가 엄청 크고 활기찬 분위기가 마음에 쏙 들어 결제를 하고 방을 배정받았다. 백팩커스, 도미토리, 롯지는 여행자들을 만나 이야기를 나누기에 아주 적합한곳이다. 이번 숙소에서는 누굴 만날까? 설레는 맘을 갖고 방으로 들어가니, 미국에서 온 아저씨 한 분이 반갑게 맞아 주신다.

"어서 와, 멋진 친구!" "안녕하세요?" 우리는 통성명을 하고 이야기를 나눴다. 아저씨는 리빙스턴이 좋아서 2주째 머물고 있다고 한다. 나는 샤워를 하고 로비에서 책을 보고 있었는데, 아저씨가 숙소 안에 있는 바에서 같이 맥주를 마시자고 한다. 바에는 호주, 스페인, 아일랜드, 미국, 프랑스 등 다국적 여행객들이 모여 같이 맥주를 마시고 있었다. 나도 그곳에 합석하여 서로에 여행 이야기를 공

▲ 아프리카 여행 중, 다양한 여행자들과 정보를 공유할 수 있는 백팩커스를 많이 이용하였다
▼ 고소한 맛과 곡물 향이 일품인 잠비아의 음료 마헤우

유했는데, 각자의 억양과 사용하는 단어들이 달랐다.

　나는 도무지 대화 주제에 끼어들지 못했다. 평소에는 의사전달에 자신이 없으면 몸짓 발짓을 사용해서라도 대화를 이어 나갔는데, 갑작스레 영어가 입 밖으로 안 나온다. 사람들 말을 알아들을 수도 없고 자신감이 급격히 하락했다. 아일랜드에서 온 청년은 "괜찮아, 우리도 한국말 못해."라고 하지만 이미 나의 머릿속은 하얘졌다.

　"에라, 모르겠다." 이런 상황에서는 그냥 우리나라 말을 사용해야겠다. 나는 편안한 마음에 여행하면서 있었던 사건 사고들을 한국말로 이야기했다. 한결 마음이 가벼워졌다. 친구들도 알아듣지는 못하지만 경청하는 분위기다. 나는 그렇게 자신감을 되찾고 여행 중 겪었던 이야기를 한국말로 설명한 뒤, 마지막에 영어로 한 줄 요약했다. 그러자 모두들 좋아한다. 모국어가 영어가 아닌 이상 유창하지 않은 것은 당연하다. 능숙한 솜씨가 아니어도 자신감을 갖고 대화하다 보니 어느새 그들과 동화되어 있는 내 모습을 발견할 수 있었다.

 영어 공포증에는 한국어가 특효약!

▲ 세계적으로 유명하지는 않지만 강한 단맛과 더불어 산미도 제법 있었던 잠비아의 커피
▼ "포효하는 연기"라는 뜻을 지닌 MOSI-OA-TUNYA. 원주민들이 빅토리아 폭포를 일컫는 말이다

[잠비아-리빙스턴]

▼

# 잠비아의
# 클럽 DJ가 되다

해가 저물고 가로등 불빛들이 하나둘 살아날 때쯤, 문득 잠비아의 밤 문화가 궁금해진 나는 무작정 거리로 나섰다. 잠비아의 밤 문화는 그리 멀리 있지 않았다. 거리 한쪽에 스피커가 찢어질 듯한 소리로 음악이 흘러나온다. 음악의 진원지를 따라가니 펍 앞에 'limpose'라는 간판이 걸려 있다. 야외 바에는 서양음악이 흘러나오고 내부 홀에는 잠비아 전통 음악이 흘러나온다. 한 펍에 2개의 음악이 흘러나오는 것이다. 야외 바는 음량이 매우 커서 귀가 떨어져 나갈 지경이다.

나는 잠비아 전통 음악과 맥주를 즐기러 실내 홀로 들어갔다. 홀 안에는 잠비아 현지인들로 가득 차 앉을 자리가 없었다. 그때 나를 보고 있던 젊은 청년 2명이 같이 맥주 한잔하자고 한다. 기존 펍과는 다르게 밝은 빛의 조명과 흥을 살짝 돋게 해 주는 잠비아의 음악은 나를 낯선 이들에게 무장해제시켜 주었다. 마침 앉을 자리도 없어서 우리 셋은 한자리에서 맥주를 마시게 되었다.

청년들의 이름은 innocent와 kenvin이며, 학교에서 영어를 가르치는 선생님이라 본인들을 소개한다. 우리는 서로가 살고 있는 문화와 환경을 공유하며 친해졌다. 여행 중에서는 낯선 이의 친절은 무조건 의심해야 하지만, 나의 직감으로 그들의 순수한 눈빛을 믿고 싶었다. 무대 위에서 악기를 연주하는 잠비아인들의 흥이 공기를 타고 나에게 전해 온다. 잠비아의 음악에는 일렉트로닉 사운드와 현대악기의 소리는 없지만, 듣다 보면 상당히 세련되고 리드미컬하여 어깨가 자동으로 들썩이게 된다.

대다수의 외국인 여행자들은 야외 바 커다란 TV 밑에 모여 프리미엄리그를 시청하며 시간을 보내는데 나만 동떨어져 실내 홀에 있으니, 많은 잠비아의 젊은이들이 나에게 관심을 보인다. 나 또한 무장해제 상태. 가벼운 농담을 하며 이 시간을 즐겼다. 맥주병이 전부 비워질 때쯤 innocent와 kelvin이 다른 클럽으로 놀러 가자고 제안했다. innocent와 kelvin은 본인들이 자주 가는 로컬 클럽 있다고 하여 호기심을 이기지 못해 그들을 따라나섰다.

클럽은 숙소와 멀고 외진 곳에 위치해 있었다. 20분 정도 걸으니 저 멀리 작은 간판에 'east point'라고 적혀 있다. 겉으로 보기에 정말 현지인들만 이용하는 클럽인 것 같았다. 클럽에 입장하니 기대했던 잠비아만의 음악문화가 아닌 요란한 미러볼 아래 어설픈 서양음악만 흘러나오고 있다. 그곳에서 현지인들은 흐느적이며 리듬을 타고 있었다. 이곳은 나와 맞지 않은 곳 같았다.

'다시 숙소로 돌아가야 되나?' 고민을 할 찰나, 문득 한국 음악을 틀어 보고 싶었다. 마침 복대에는 백업용 usb가 들어 있었는데 usb

정겨움이 가득했던 잠비아의 라이브 뮤직클럽

에는 장시간 이동을 대비하기 위해 저장해 온 90년대 댄스 음악이 저장되어 있었다. 나는 조심스레 음악을 담당하는 DJ에게 갔다. "혹시 내가 좋아하는 음악을 틀어 봐도 될까?" DJ는 '뭐 이런 놈이 다 있지?'라는 표정을 짓는다. 마침 오디오에는 usb 단자가 있었다.

　작은 클럽에서 현지인들은 나의 행동을 계속 주시하고 있다. 에라, 모르겠다. 어두컴컴한 조명 아래 까만 선글라스를 낀 DJ의 본심을 알 수 없었으나 불쑥 다가온 나에게 적대심보다는 호기심이 더 큰 것 같았다. 나는 DJ에게 허락을 받고 한국에서 90년대 유행했던 댄스곡들을 틀었다. 익숙하지 않은 음악에 잠비아의 젊은이들 사이에서는 아까보다 더한 어색함이 흐른다. 문득 괜히 민폐를 끼치고 있는 건 아닌가 하는 생각이 들었다. 나는 평소에 숫기가 없어 춤추는 것을 꺼려했는데, 이곳에서는 아무도 나를 모른다. 게다가 일까지 저질러 놨으니 그냥 신나게 춤추며 놀아야겠다.

첫 번째 곡은 故 신해철의 〈그대에게〉. 나는 어색함을 깨고 스테이지에서 리듬에 맞춰 신나게 춤을 췄다. 인트로 부분이 워낙 강렬하여 현지인들도 조금씩 어깨를 들썩인다. 잠비아의 로컬맥주인 모시가 나를 이렇게 낯짝이 두껍게 만들었을까? 현지인들과 하나가 되어 정말 신나게 놀았다.

다음 곡은 김건모의 〈잘못된 만남〉기가 막힌 음악저장 순서이다. 같이 온 innocent와 kenvin도 처음엔 나를 부끄러워한 듯하다가 어느새 스피커 옆에서 신나게 춤을 추고 있었다. 다음곡인 터보의 〈트위스트 킹〉은 우리를 절정으로 치닫게 했다. 클럽은 열광의 땀과 뜨거운 호흡들로 가득했다. 모두들 즐거운 표정이다.

그렇게 우리는 즐거운 댄스타임을 보내다가 갑작스런 윤종신의 발라드 음악이 흘러나와 댄스파티는 아주 자연스럽게 마무리되었다. 모두들 한국 음악이 신난다고 엄지를 치켜 올려 준다. 괜히 나도 뿌듯하다. 만일 먼 훗날, 이곳 잠비아에 한류열풍이 분다면 나의 공도 0.001%는 있을 것이다. 시계를 보니 벌써 자정이 넘은 시각이다. 걱정되는 마음에 나는 innocent와 kenvin에게 작별 인사를 하고 집으로 돌아가기로 했다.

아프리카에서 여행자가 늦은 저녁에는 혼자 다니는 것은 맹수들

늦은 새벽 길거리에는 부랑인들이 가득했다. 아프리카 여행 시 늦은 밤에 돌아다니는 것을 삼가자

이 가득한 초원에서 홀로 남은 새끼 얼룩말이 되는 꼴이다. 숙소로 돌아가는 길에는 가로등 하나 없다. 나는 거리에서 잠을 청하고 있는 검은 형님들이 혹시라도 잠에서 깰까 봐 살금살금 걸었다. 불과 몇 분 전까지 뜨거웠던 심장은 차디찬 아프리카 밤 앞에서 금세 차갑게 식어 버렸다.

 **우리나라 음악이 최고!**

[잠비아─리빙스턴]

▼

# 세상에서 가장 무서운
# 수영장

나는 여행을 떠나기 며칠 전, 인터넷 서핑을 하다가 '세상에서 가장 무서운 수영장'이라는 자극적인 제목의 게시물을 클릭했다. 그리고 의심 가득한 눈빛으로 모니터를 바라보고 있으니, 얼마 뒤 화면에서는 커다란 폭포 끝자락에서 사람들이 수영을 하고 있는 모습이 나타났다. 폭포 너머에는 일곱 빛깔 무지개가 대지와 하늘을 연결하고 있었다. 아찔함과 아름다움이 공존하는 곳이라 정말 흥미로웠다. 화면 속 장소에 언젠가 가 보고 싶다는 마음이 밀려왔다. 장소를 검색해 보니 빅토리아 폭포의 데빌스 풀이었다.

이후 빅토리아 폭포는 나에게 아프리카 여행이 결정된 순간부터 꼭 가 봐야 할 여행지 중 한 곳이 되었다. 빅토리아 폭포는 건기 때 한시적으로 수량이 줄어들어 폭포 위에서 수영을 할 수 있는데, 안타깝게도 내가 방문한 2월은 우기이기 때문에 빅토리아 폭포를 눈으로만 감상할 생각이었다. 그런데 현지인들과 이야기를 나누다가 최근 비가 많이 오지 않아 수량이 건기 때와 비슷해 데빌스 풀에 갈 수 있다고 전해 들었다.

이럴 수가! 하늘이 만들어 준 기회다. 반드시 가야 한다. 데빌스 풀 체험은 고급 호텔의 선착장을 통해 접근할 수 있어서 투어 가격이 100달러 가까이 된다. 하지만 돈을 아끼기 위해 가 보고 싶은 곳을 포기할 수 없었다. 나는 투어를 알아보다가 점심시간보다 아침 시간대가 더욱 저렴하여 아침시간대로 예약을 했다.

투어 당일 아침. 들뜬 마음으로 호텔로 들어서니, 호텔 내부는 잠베지 강과 접해 빅토리아 폭포까지 연결되어 있었다. 저 멀리 선착장에는 투어를 신청한 서양 여행자들이 보인다. 모두들 설렘 가득한 표정이다. 우리는 호텔 직원에게 주의사항을 듣고 모터보트에 올라탔다. 보트는 10분도 채 안 돼 폭포 위에 있는 리빙스턴아일랜드에 우릴 내려 줬다.

우리는 수영복으로 갈아입고 폭포의 함성이 들려오는 쪽으로 성큼성큼 걸어 들어갔다. 울창한 나무 사이를 헤치고 나니 어느 순간 확 트인 공간이 나온 뒤, 한눈에 들어오지 않는 어마어마한 크기의 폭포가 보인다. 최대 108m의 낙차를 가진 빅토리아 폭포는 엄청난 물보라를 만들어 무지개로 하늘과 땅을 이어 주고 있었다. 상당한 크기의 무지개는 마치 내가 동화 속 나라에 온 듯한 착각을 불러일으켰다.

환상적인 기분도 잠시. 빅토리아의 폭포의 포효 소리가 정신을 바짝 차리게 해 준다. 우리를 안내하던 가이드가 미소를 띠며 손짓으로 벼랑 끝을 가리킨다. "뭐? 이곳에 들어가라고?" 가이드가 가

세상에서 가장 무서운 수영장은 바로 빅토리아 폭포의 데빌스 풀

리킨 곳은 정말 낭떠러지 바로 앞이다. 유속이 조금만 강하면 낭떠러지로 추락과 함께 나의 삶도 증발될 것이 틀림없다. 옆에서 같이 투어에 참석한 친구들이 "한국에서 온 친구! 먼저 뛰어들 영광을 넘겨줄게."라고 부추긴다.

어쩔 수 없다. 멋진 다이빙은 못하겠어서 모양새는 빠지지만 발부터 조금씩 들어갔다. 서늘한 아침 기온과는 달리 폭포의 물은 따뜻했다. 나는 폭포의 온기를 느끼는 순간, 이끼에 미끄러져 강제 다이빙을 했다. 다행히 물살이 약해 휩쓸려 가지 않았다. 나는 유속이 느린 것을 몸으로 확인하고 조금씩 용기를 내어 벼랑 끝으로

빅토리아 폭포 벼랑 끝에 섰을 때의 아찔함은 말로 표현 할 수 없다

다가갔다.

눈앞에서 엄청난 물이 떨어지는 광경을 보니 입이 떡 벌어졌다. 엄청난 크기의 폭포와 파란 하늘 위에 예쁘게 빚어 놓은 구름들, 일곱 빛깔이 뚜렷한 무지개, 비현실적인 풍경 앞에 넋을 잃었다. 입안에서는 '행복'이라는 단어들이 마구 뛰쳐나온다. 게다가 벼랑 끝이라는 아찔함이 아드레날린을 분비시켜 천연마약 역할을 자처한다.

물놀이가 지칠 때쯤, 호텔에서 근사한 아침 식사를 준비해 주었다. 물 밖으로 나오니 날씨가 쌀쌀하여 따뜻한 겉옷을 걸치고 빅토

▲ 선물로 건넨 음료수를 떨어뜨려 좌절 중인 잠비아의 원숭이
▼ 잠비아와 짐바브웨 사이 국경에서는 빅토리아 폭포를 배경으로 번지점프를 할 수 있다

걸어서 국경을 통과하는 것은 어색한 일이다

그래도 나에게는 꿈이 있다

리아폭포가 한눈에 보이는 곳에 앉아 근사한 아침 식사를 했다. 여행을 하면서 감정은 복잡해지지 않지만, 빅토리아폭포에서는 내면에 있는 다양한 감정들을 느낄 수 있는 좋은 기회였다.

　어느덧 투어가 끝나고 돌아가는 길. 나는 리빙스턴 아일랜드에 행복의 씨앗을 묻어 두고 왔다.

 **깨달음** <u>공포와 행복은 한 끗 차이.</u>

최대 낙차가 무려 108m인 빅토리아 폭포는 증기 기관차 마냥 어마어마한 수증기를 뿜어낸다

그래도 나에게는 꿈이 있다

111

[짐바브웨-빅폴]

▼

# 짐바브웨의
# 거지 이야기

짐바브웨의 관광 도시, 빅폴에 도착했다. 빅폴은 관광도시임을 증명이라도 하듯 길거리에는 로컬 음식점이 아닌 햄버거와 피자를 파는 대형 체인점이 많이 보였다. 나는 허기가 지면 이성적인 판단을 놓치는 성격이라 배고픔을 이기지 못하고 햄버거가게로 들어갔다.

짐바브웨는 엄청난 인플레이션 끝에 자국화폐 단위가 100조원으로 치닫고, 결국에는 현재 자국화폐 대신 미국 달러를 사용하고 있었다. 덕분에 현지 물가를 가늠하기 쉬웠다. 햄버거의 가격은 우리나라와 비슷했다. 그러나 일인당 국민소득이 낮은 짐바브웨서 햄버거는 고급음식에 속해서 그런지 가게 안에는 손님이 없었다. 배가 고픈 나는 이성보다 감정이 앞선 상태라 과한 욕심을 부려 햄버거 세트와 치킨 5조각을 주문했다.

음식이 나오자마자 순식간에 햄버거 세트를 해치웠다. 그리고 치킨세트를 먹기 전, 어느 정도 허기가 달래져 한결 여유로운 표정으로

창가를 바라보았다. 그런데 허름한 옷차림에 누군가 쓰레기통에서
뭔가 찾고 있다. 찾고자 하는 것을 찾았는지 이내 허리를 펴고 주위
를 둘러보다 손에 쥐고 있는 것을 바로 입안으로 넣었다. 자세히 보
니 쓰레기통에서 먹다가 버려진 음식들을 주워 먹고 있던 것이다.

　나는 엄청난 충격에 빠졌다. 여러 국가를 여행해 봤지만 음식물
쓰레기통에서 무언가를 주워 먹는 광경을 본 것은 처음이었다. 게
다가 거지는 나와 비슷한 또래인 듯했다. 거지는 주변 눈치를 살피
더니 다시 몸을 숙여 쓰레기통에 아예 상체를 집어넣고 음식물을 찾

기 시작한다. 그리고 가까스로 찾은 감자튀김을 주머니에 넣고 재빨리 다른 음식들을 찾는다. 이번에는 누군가 버린 피자에 딱딱한 부분의 빵조각을 주운 뒤 주변 눈치 살피고 허겁지겁 먹는다.

아직 허기가 꺼지지 않아 이성보다는 감정이 앞서서일까? 치킨을 앞에 두고 눈물이 쏟아졌다. 국가와 시대를 잘 타고 태어나 호의호식하는 내가 생존을 위해 살아가는 처절한 그의 삶을 재단할 수 없었다. 마음이 너무 아팠다.

자리에서 일어나 햄버거 점원에게 다가가 치킨과 햄버거를 주문했다. 점원은 눈치를 챘는지, 강한 어투로 밖에 있는 친구를 가게 안으로 데리고 들어오지 말라고 잘라 말한다. 나는 밖으로 나가 그 친구에게 햄버거가 곧 있으면 나오니 같이 먹자고 했지만, 친구는 쉽사리 식당 안으로 들어오지 못했다. 점원은 음식을 갖고 나가라고 하고, 그 친구는 음식이 나온 뒤에도 한참을 문 앞에서 서성인다. 친구와 같이 앉아 먹고 싶었지만, 모두가 불편해하는 것 같았다.

발갛게 달아오른 눈을 티슈로 정리하고 친구에 손을 잡고 들어와 음식을 주었다. 그리고 조용히 내 자리로 돌아와 치킨을 먹었다. 그날, 나는 세상에서 가장 맛없는 치킨을 먹게 되었다. 세상은 아직도 내가 상상하지도 못했던 아픔과 어려움에 처해 있는 사람이 많았다. 그들에게 당장의 배고픔을 해결하는 미봉책이 아닌, 그들 스스로 일어날 수 있는 기회가 만들어졌으면 좋겠다.

 <u>내가 하찮게 여겼던 그 모든 것들이 그들에게는 사치일 수도 있다.</u>

▼

# 그들의 전통을 맛보다

여행을 하면서 각국의 술을 마셔 보고 맛을 비교해 보는 것은 나의 여행에 있어서 즐거움 중의 하나다. 짐바브웨도 그냥 지나칠 수 없는 법! 나는 백팩커스에서 나와 동네마트로 갔다. 그리고 점원들에게 짐바브웨 전통 술을 추천해 달라고 하니, 하나같이 "치부쿠!"를 외친다. 그리고 모두 오묘한 표정을 짓는다.

치부쿠는 다른 술과는 다르게 캔으로 판매하고 있지 않고 페트병에 대용량으로 판매되고 있다. 갈색 페트병에 담긴 치부쿠에는 시원함을 알리는 땀방울들이 송글송글 맺혀 있다. 느낌이 좋다. 나는 치부쿠를 구입하여 거리로 나와 도로 중간에 아무렇게나 걸터앉아 뚜껑을 열었다.

향을 맡아 보니 지금까지 술에서 느껴 보지 못했던 강렬한 향이다. 콜럼버스가 아메리카대륙을 발견했을 때 이런 기분이었을까? 왠지 내가 대단한 술을 발견한 것 같다. 게다가 후덥지근한 날씨에

옥수수를 발효시켜 만든 짐바브웨의 전통 술 "치부쿠"

다 갈증까지 나서 치부쿠를 즐기기에는 최고의 환경이었다. 풀이
무성한 나무 밑에 모여 수다를 떨고 있는 동네 아줌마들이 나를 바
라본다.

　나는 한손으로 페트병을 들고 시원하게 들이켰다. 혀를 거치지
않고 곧바로 식도로 넘어가는 치부쿠는 더위에 지친 온몸을 식혀 주
었다. 그리고 위장에 도착하자마자 강렬한 향을 뿜어낸다. 느낌이
오묘하다. 첫 모금은 갈증을 푸는 것이 목적이었다면, 두 번째는 맛
을 음미하고 싶었다. 그래서 다시 한 모금 들이켜 천천히 맛을 음미
하는데, 어? 이상하다? 왜 이렇게 시큼하지?

치부쿠를 즐기던 나는 현지인들에게 많은 사랑을 받았다

오랜만에 느낀 시큼함에 표정이 자동으로 일그러진다. 동네 사람들은 나의 일그러진 표정을 예상하였는지, 신나게 웃으며 아직 내가 어려 술의 맛을 모를 것이라고 한다. 옥수수를 발효시켜 만든 치부쿠는 맥주라기보다는 우리나라 막걸리에 더 가까웠다. 다시 맛을 보았지만 여전히 치부쿠는 나의 눈꺼풀을 파르르 떨리게 만든다.

나는 동네 어른들의 비웃음을 사기 싫어, 맛집 소개 프로그램에 나오는 리포터처럼 열심히 음미해 보았다. 놀랍게도 몇 번을 마시다보니 뒷맛에 옥수수 특유의 고소함이 느껴진다. 놀라운 일이다. 1.5L 페트병이 끝나 갈 무렵, 나는 치부쿠에 치명적인 맛에 빠져들었다. 일종의 강력한 시큼함 뒤에 따라오는 카타르시스 같았다.

맞다, 나는 어리지 않았다. 충분히 치부쿠의 맛을 느낄 수 있는 나이다. 나는 1.5L 치부쿠를 모두 마시고 나를 지켜보던 아주머니들에게 의미심장한 미소를 남기고는 유유히 자리를 떠났다.

 <u>나는 어른!</u>

▼

# 50조짜리 선크림

숙소에서 와이파이를 연결하여 짐바브웨에 관한 칼럼을 읽다가 흥미로운 사실을 알게 되었다. 바로 짐바브웨서는 작은 기념품 가게나 상점에서 화폐를 통용하지만, 아직까지 물물교환 방식의 거래도 가능하다고 한다. 나는 킬리만자로 등반 이후 사용할 일 없는 자전거용 헬멧과 펌프를 챙겨 설마 하는 마음으로 기념품 상점이 모여 있는 거리로 향했다.

기념품 상점 거리 앞에는 나무를 조각하여 만들어진 대형 하마가 입을 벌려 반겨 준다. 그리고 많은 노점에 주인들이 밖으로 나와 호객 행위를 하지만, 수위가 높지 않아 마음 편히 구경할 수 있었다. 나는 그중 제일 큰 상점으로 들어갔다. 내가 들어가니 풍채가 큰 아저씨가 넉살 좋은 웃음으로 마음껏 구경하라고 한다.

가게 안에는 코끼리, 하마, 코뿔소, 기린 등 수많은 동물 목각품과, 전통악기, 옷감, 생전 처음 보는 광물류까지 종류가 참 다양했

저렴했던 짐바브웨의 기념품 상점. 상점에서 다양한 동물 목각품과 기념품들 만날 수 있었다

다. 그중 무게감이 상당하고 정교하게 만들어진 하마 목각품이 보여 아저씨를 바라보니, 한 개당 10달러라고 설명해 주신다. 내가 숙소에서 가지고 나온 헬멧과 펌프를 들고 미소를 지으니, 아저씨는 단번에 나의 의도를 알아차리시고는 동물 목각품들과 교환이 가능하다고 하신다.

그런데 문득 나는 아저씨가 헬멧과 자전거 펌프를 어디에 쓰실지 궁금했다. 아저씨에게 여쭤 봤더니 짐바브웨에서는 공산품 대부분을 수입하는 실정이라 물가가 비싸 무엇이든 현물로 갖고 있으면 나

하마 목각품을 정성스럽게 포장해주신 아저씨

중에 사용할 곳이 있다고 하신다. 듣고 보니 맞는 말인 것 같다. 나는 아저씨에게 하마 가족 3개와 헬멧과 펌프를 교환하자고 제안 했더니 아저씨는 손사래를 치시며 2개씩만 된다고 하신다. "저는 3개를 갖고 싶었는데 아쉽네요."라고 하며 가게를 벗어나는 아주 상투적인 흥정의 첫 번째 단계를 밟았다.

아저씨는 두 번째 제안으로 크기가 좀 더 큰 하마 목각품 2개를 주시겠다고 한다. 나는 고민하는 척 시간을 끌다가 다시 3개가 갖고 싶다고 하고 가게를 나가려는 행동으로 흥정 두 번째 단계를 진행하였다. 아저씨는 다시 나를 잡고 이야기를 하신다. 하지만 똑같은 대답이었다. 이제는 거래의 흥정을 마무리해야겠다. 나는 헬멧과 펌프의 주요 기능을 아저씨에게 상세하게 설명드리고 성능을 입증할 수 있게 킬리만자로에서의 착용 사진을 보여 드렸다. 그리고 묵묵히 하마 가족 3개를 챙겼다.

아저씨는 특유의 넉살 좋은 웃음으로 껄껄껄 웃으신다. 우리 둘 다 기분 좋게 거래를 성공적으로 마쳤다. 아저씨는 여행할 때 파손되지 않게 하마 가족을 신문지로 둘둘 말아서 정성스럽게 포장해 주셨다. 그리고 아저씨는 흥정 과정에서 내색하지 않으셨지만 이제야 헬멧과 펌프가 맘에 드셨는지 이러저리 보시고는 즐거워하신다. 비록 나도 가방의 무게는 늘었지만, 귀여운 하마 가족 목각품을 공짜로 얻은 듯한 느낌에 기분이 좋았다.

아저씨는 어떤 물건이든 가져만 오면 동물 목각품과 바꿔 준다고 한다. 마침 나는 한국에서 챙겨 온 작은 선크림이 있어 아저씨 얼굴에 발라 드리니 매우 흡족해하신다. 그런데 아저씨가 책상에서 무언가를 꺼낸다. 두둥~ 과연 무엇이 나올까? 짐바브웨 작은 노점에서 생각지도 못한 설렘을 느꼈다. 아저씨는 편지봉투에 고이 들어 있는 화폐를 꺼내서 주신다.

'엇? 이번에는 물물교환이 아니라 나에게 돈을 주고 구입하시려나?' 자세히 보니 짐바브웨달러인데, 단위가 엄청나다 '0'이 붙어 있는 숫자를 세보니 일, 십, 백, 천, 만, 십만, 백만, 천만, 억, 십억, 백억……. 다시, 다시 일, 십, 백, 천……. 화폐의 단위는 무려 50조 이다. 0이 13개나 붙어 있다.

나의 지갑을 든든하게 채워 준 50,000,000,000,000 짐바브웨 달러

짐바브웨는 2009년 극심한 인플레이션으로 100조의 화폐를 발행했으나 살인적인 물가상승으로 자국 화폐를 포기하고 외환 사용을 공식적으로 허가하였다. 덕분에 짐바브웨달러는 세계 최고의 화폐 단위라는 명예를 얻게 되었다. 최근에는 은행에서 구권에 대한 환전을 실시하는데, 미국의 1달러로 바꾸려면 3경 5천조의 짐바브웨 달러가 필요하다.

고로 아저씨에게는 50조 짐바브웨달러와 나의 선크림과 바꾸는 것이 훨씬 이득이다. 나도 엄청난 단위의 화폐가 마음에 들어 이번에도 서로 WIN—WIN의 거래를 하였다. 50조 짐바브웨달러를 지갑에 넣으니, 마음 한편에 든든함과 묵직함이 느껴진다. 나는 50조 짐바브웨달러를 갖고 있는 사람이다!

우리의 삶에 있어서는 '돈'이라는 거래의 공통분모가 존재하기 때문에 상품에 대한 값어치를 정하고 구매자가 그 가치에 걸맞는 돈을 지불함으로써 정확한 거래가 성립된다. 하지만 물물교환이란 말 그대로 서로의 물건에 가치를 매기기 때문에 상대방의 가치관과 환경, 생각에 따라 내가 가지고 있는 물건이 황금이 되기도 돌덩이도 된다는 점에서 아주 인간적이고 매력적인 거래 방식 같았다.

 <u>물물교환은 인간미 넘치는 거래 방식!</u>

# 손으로 먹는
# 즐거움

　이른 아침, 보츠와나 카사네의 작은 버스터미널에 도착했다. 오늘은 보츠와나의 최대 관광 도시인 마운으로 이동하는 날이다. 오늘의 예상 이동 거리가 자그마치 900㎞를 훌쩍 넘는다. 오늘 하루는 대부분 버스 안에서 보낼 듯싶다. 지금까지 아프리카에서의 장거리버스를 몇 번 타 봤는데 휴게소에서 쉬는 시간이 짧을 뿐만 아니라 중간에 쉬지 않은 적도 있어 8시간 동안 배고픔과 싸운 적이 있었다. 이 때문에 버스를 타기 전에 식량과 음료를 챙기고 반드시 끼니를 해결해야 한다.

　허름한 버스 정차장 주변을 둘러보니 작은 간이식당이 보인다. 나는 보츠와나에 왔으니, 대형 레스토랑보다는 아프리카의 전통 음식을 먹고 싶었다. 정거장 맞은편 간이식당에는 사람들이 음식을 먹고 있는데, 하나같이 매우 만족하는 표정이라 나도 모르게 식당으로 발걸음을 옮겼다.

카사네의 작은 터미널

식당 메뉴는 한가지여서 나에게는 선택권이 없었다. 음식은 우리
나라 찹쌀 도넛 같은 빵 3개와 고기볶음인데, 특이한 점은 모두가
손으로 먹는다는 점이다. 식당아주머니는 물을 바가지에 담아 손을
씻으라고 한다.

나는 엉겁결에 손을 씻고 음식을 들고 노천테이블에 앉았다. 그
리고 옆 사람들과 같이 빵을 한손으로 집어 잘게 찢으려 하는데, 방
금 기름에 튀긴 빵이라 찢자마자 손이 익어 버릴 듯한 뜨거운 열기
가 올라온다. 나는 빵을 그릇에 급히 던져 놓고 손을 호호 불었다.

카레향이 가득했던 보츠와나의 민스미트

옆에서 유심히 지켜보던 현지인 친구는 자신의 음식으로 시범을
보여 준다. 그는 빵에 양 끝을 조금씩 찢고 한쪽 구멍에 공기를 불
어 반대쪽으로 뜨거운 열기를 배출한다. 나도 똑같이 따라하니 금
세 손으로 집을 수 있을 정도의 온기만 남아 있다. 빵을 집으니 손
끝이 따뜻해진다.

나는 고기볶음을 손으로 집어 빵과 함께 입으로 넣었다. 항상 젓
가락으로만 집었던 고기를 손으로 집으니 의외로 부드러운 감촉이
다. 그리고 음식을 입에 가져갈 때마다 손에 묻은 음식의 향은 후각

을 통해 식욕을 돋워 준다. 게다가 거칠게 고기를 씹으니 5,000년 전 단군할아버지가 물려주신 원시 DNA로 인해 남성호르몬이 마구 분비된다. 기분이 너무 좋다.

손으로 음식을 먹는 문화는 야만하고 불결하다는 고정관념이 박혀 있던 나에게 신선한 충격이었다. 손으로 즐기는 음식은 미각만이 아닌 모든 감각으로 음식을 즐길 수 있었다.

 촉각으로도 음식을 즐길 수 있다.

[보츠와나-가보로네]

▼

# 운명의 주사위야,
# 나를 인도해 줘

보츠와나 카사네에서 마운으로 가기 위해 미니버스에 올라탔다. 좌석이 상당히 좁지만 탑승객이 적어 다행히도 옆자리가 비어 있었다. 환승지인 나타까지는 4시간 가까이 걸리기에 나는 창문에 기댄 채 다리를 쭉 펴고 눈을 붙였다.

그러나 버스가 10분쯤 달렸을까? 갑자기 멈춰 섰다. 눈을 떠 보니 내가 넘어왔던 보츠와나-짐바브웨 육로국경이다. 그리고 보따리 상인들이 탄다. 넉넉했던 자리가 하나둘씩 채워져 갔지만, 외국인인 내가 낯선지 아무도 내 옆에 앉지 않는다. 나는 버스가 다시 출발하여 눈을 감고 잠을 청했다.

그러나 버스는 10분도 안 돼 다시 멈췄다. 이번에도 보따리 상인들이 탑승하기 시작한다. 버스 기사 아저씨는 빈 좌석이 없어야 출발한다고 한다. 헉! 그렇게 기사 아저씨는 1시간 정도를 손님을 찾아가며 버스에 태웠다. 나타에서 마운으로 가는 막차버스는 일찍 끊기기에 시간이 흐를수록 나도 모르게 초조해졌다.

그렇게 5시간을 달려 나타에 도착하니, 하늘은 무심하게도 막차를 벌써 떠나보냈다. 주위에는 딱히 숙박할 곳이 보이지 않는다. 이걸 어째야 하나. 에라, 모르겠다. 나는 내렸던 버스에 다시 올라타 보츠와나의 대표 여행지인 마운을 포기하고 버스의 최종 목적지이자 보츠와나의 제2의 상업도시 프랜시스타운으로 가기로 결심했다.

한국에서 미리 다운받아 온 정보에는 보츠와나와 관련된 정보가 전혀 없고, 오프라인 상태에서 사용할 수 있는 지도도 준비해 오지 않았다. 그냥 무작정 가 봐야겠다. 옆자리에 앉은 아주머니에게 프랜시스타운에 대하여 여쭤 보니, 본인도 처음 간다고 하신다. 이제는 모든 것을 운명에게 맡겨야겠다.

태양이 중천을 지나 나의 시선과 마주칠 때쯤 프랜시스타운에 도착했다. 터미널 근치에는 장이 열려 북적북적히다. 나는 터미널 밖으로 나가 사람들에게 프랜시스타운의 볼거리와 숙박할 곳에 대한 정보를 물어봤지만, 다들 이곳은 관광지가 아니기 때문에 볼 것이 없다고 한다.

나는 목이 말라 물을 사서 도로에 앉아 향후 계획을 곰곰이 생각하고 있었는데, 옆에서 나를 지켜보던 아저씨가 보츠와나의 수도인 가보로네로 가라고 추천해 주신다. 그곳에는 구경거리도 많고 남아공과 근접해 있어 관광객들이 많이 찾는다는 조언 이었다. 솔깃했다.

터미널에 가서 타임 테이블을 확인해 보니 정말 가보로네로 가는

▲ 좌석이 매진되어야지만 출발하는 보츠와나의 버스
▼ 허름하지만 없는 것이 없는 보츠와나의 고속도로 휴게소

아름다운 초원을 가로지르는 버스 안에서

버스가 있었다. 지금 시간은 오후 5시, 가보로네 도착 예정 시간은
오전 12시이다. 가보로네도 마찬가지로 여행 계획에 없던 곳이기에
아무런 정보가 없었다. 게다가 도착 시간도 자정에야 도착한다. 아
프리카의 저녁은 낮과 전혀 달라서 어디서 무슨 일이 벌어질지 상상
이 되지 않는다. 그렇다고 프랜시스타운에서 어정쩡한 시간을 보내
고 싶지는 않았다.

　"운명의 주사위를 던져 보자! 그냥 가 보자, gogo!"

　가보로네행 버스는 정말 빠른 속도로 달린다. 앞자리에서 지켜

보고 있던 나는 엔진에게 응원의 메시지를 보내며 잠이 들었다. 그러나 평화도 잠시, 깊은 잠에 빠질 때쯤 엄청난 굉음과 함께 무언가가 타는 냄새가 났다. 버스가 외부의 공격을 받았거나 폭탄테러가 일어난 것 같았다. 다행히 숨 쉬고 있는 것을 보니, 나는 아직 안 죽었다.

뒷자리 사람들이 버스 기사에게 당장 멈추라고 소리를 지른다. 버스는 갓길에 멈춰지고, 모두들 뛰쳐나간다. 한국에서 아프리카 여행의 사고 사례를 보던 중 이슬람 무장단체에 의한 버스납치 강도사건들을 빈번히 보았다. 괴한들은 납치한 승객에게 코란 암기를 강요하고 외우지 못한 승객은 무차별적으로 살해했다. 나는 코란을 미리 암기해 왔지만 그래도 너무 무서웠다. 깊은 밤 머나먼 타국에서 이대로 죽을 수 없다.

나는 살겠다는 일념 하에 사람들을 밀치고 가장 먼저 버스 밖으로 빠져나와 혹시나 날아올 총알을 피하기 위해 지그재그로 도망쳤다. 외부의 공격에서 안정권에 접어들 때쯤 수풀 속에서 뒤를 돌아보니 사람들은 버스 주위에서 서성이고 몇몇 사람들은 도망가는 나를 바라보고 있었다. 무슨 일이 발생한 것은 확실하지만, 사람들이 버스 근처에 있는 것을 보니 생명이 위협되는 일 같지는 않았다.

나는 걱정되는 마음으로 도로 옆 풀 속에 은폐 엄폐를 하고 상황을 예의주시하며 버스로 돌아갔다. 그런데 버스 뒷바퀴 타이어가 터져 휠만 남아 있었다. 나는 타이어가 터지면 엄청난 굉음이 난다는 것을 처음 알았다. 버스 기사는 스페어타이어로 교체 중이었다. 사람들도 조금은 안정되었는지, 나를 보고 깔깔 웃는다. 쥐구멍이

타이어 펑크로 인해 굉음을 내고 멈춰선 가보로네행 버스

라도 숨고 싶지만 살아 있게 해 주셔서 하늘에 감사했다.

　하지만 문제는 버스의 바퀴가 커서 교체 시간도 길어졌다는 점이다. 이대로 가다가는 가보로네에 꼭두새벽에 도착할 듯하다. 아프리카의 밤은 정말 무섭다. 그런 곳에 홀로 뚝 떨어질 생각을 하니 아찔하다. 1시간 정도의 정비시간을 갖고 버스는 다시 출발했다. 이젠 불편한 마음에 잠이 오지 않는다. 버스는 중간 경유지인 palapye에 도착해서 승객들이 승하차했다.

　그런데 어, 어? 나랑 비슷한 사람들이 버스에 올라탄다. 혹시나

하고 여쭤 보니 한국인분들이다! 보츠와나 시골마을에서 한국인분들을 한밤중에 만나다니, 이건 기적이다. 한국인분들은 현지 발전소에서 파견 근무하고 계시는 분들인데, 휴일이라 가보로네로 놀러 가신다고한다. 와우! 한국인분들에게 나의 사정을 말씀드리니, 미리 예약한 호텔이 있다며 같이 가자고 하신다. 천만다행이다.

버스는 자정이 넘어서야 가보로네에 도착했다. 버스정거장 주위에는 정말 아무것도 보이지 않는다. 이곳에 혼자 떨어졌을 생각을 하니 아찔하다. 다행히 한국인분들의 도움으로 호텔로 이동하게 되었다. 호텔은 가보로네에서 손에 꼽을 정도의 고급호텔이지만, 지금 이 시간엔 별 다른 뾰족한 수가 없었다. 나는 무사히 체크인을 하고 생각지도 못한 고급 호텔에서 하루의 피로를 풀게 되었다.

 살아가면서 가끔은 운명의 주사위를 던지는 것도 또 하나의 즐거움이다.

[남아프리카 공화국-요하네스버그]

▼

# 세계 최악의 치안,
# 요하네스버그 탈출기

보츠와나에서 항공편을 이용해 요하네스버그로 가는 동안 수많은 생각에 잠긴다. 남아프리카공화국의 최대 도시 요하네스버그는 치안이 좋지 않기로 여행자들 사이에서 소문이 자자하다. 여행 전 남아공 한국대사관 홈페이지에서 사선 사고들을 조사해 보았는데, 공항에서부터 여행자를 미행하는 강도 사건, 택시 기사가 강도로 돌변하는 사건, 신호 대기 중이면 창문을 부수고 귀중품들을 강탈하는 절도 범죄 등 강력범죄들이 많아 걱정이 되었다. 볼리비아에서 겪었던 납치 사고가 불현듯 떠오른다.

가보로네-요하네스버그 구간은 30분 정도밖에 소요되지 않아 해결책을 모색하기에는 짧은 시간이었다. 남아프리카의 주요 도시를 연결하는 허브공항으로 자리 잡은 요하네스버그의 OR TAMBO 국제공항은 그 명성이 무색하게 한산하다. "어! 이상하다. 항상 붐비던 공항만을 봐서 그런가?" 입국심사를 받는데도 출입국 관리소 직원은 냉소를 지으며 도장을 꽝하고 찍어 준다.

텅텅 빈 공항에는 두려움만 가득했다. 선글라스를 낀 사람들은 괜히 나를 미행하는 듯한 기분이 든다. 순간 나는 렌트카를 빌려 요하네스버그를 빠져나가는 것이 최선책이라는 생각이 들었다. 어차피 케이프타운에서 한국으로 돌아가는 비행기를 타야 하니 케이프타운에서 차량 반납을 하면 되겠다. 공항 내부에는 수많은 렌트카 회사가 보인다.

눈에 보이는 렌트카 사무실로 무작정 들어갔다. 아직 여행 기간이 2주나 남았다. 2주 동안 차를 빌리는 것과 보험을 적용하니 100만 원에 가까운 거금이 든다. 그렇지만 렌트카를 빌리면 여행자에 필요한 기동력의 능력치가 월등히 올라간다. 게다가 절묘한 타이밍에 한국에서 월급이 입금되니, 더 이상 망설일 이유가 없었다. 나는 계약서를 꼼꼼히 확인하고 결제를 했다. 남은 여행기간 동안 나의 발이 되어 줄 차량은 소형차지만 든든해 보인다. 나는 차량을 인수받고 주위를 두리번거리며 출발했다.

남아공에 운전석과 도로는 우리나라와 반대 방향이라 당황했지만, 요하네스버그의 공포감 앞에서 순식간에 적응해 버렸다. 나는 공항을 빠져나와 신호등이 없는 큰 도로로 무작정 내달렸다. 1시간 정도를 달려 요하네스버그의 향이 옅어질 때쯤 차를 갓길에 주차하고 한숨 돌렸다. 그리고 향후 나의 일정을 생각했다. 구글 지도로 위치를 확인하니 요하네스버그에서 동쪽 방향으로 달려왔다. 주위 관광지를 검색해 보니, 아프리카 최대의 국립공원인 크루거 국립공원이 위치해 있다.

요하네스버그를 빠져나오는 길. 차선과 핸들방향이 반대였지만 금세 적응했다

　오늘의 목적지는 크루거 국립공원 주변도시인 넬스프릿으로 정하
고 주위를 둘러보는데, 도로 밖 들판에서 아이들이 해맑게 공을 차
고 있었다. 마을은 너무나 평화롭다. 요하네스버그도 사람 사는 곳
이었다. 어쩌면 나는 마음속에 갖고 있던 두려움으로 인해 내 안에
갇혀 있던 것 같다. 뒤를 돌아보니 요하네스버그의 태양이 마지막
미소를 지으며 저물어 간다.

 깨달음　지나친 걱정은 여행자에게 독!

[남아프리카 공화국-넬스프릿]

▼

# 환상의 드라이브 코스,
# 파노라마루트

　요하네스버그를 극적으로 탈출한 뒤, 넬스프릿에서 하룻밤을 묵었다. 오늘은 남아공에서 경치가 아름답기로 유명한 파노라마루트를 이용하여 크루거 국립공원으로 가기로 결정했다. 나는 아침 일찍 차에서 먹을 간식을 챙겨 출발했다. 하지만 기대했던 드라이브 코스는 안개로 인해 보이질 않는다. 도로는 한 치 앞도 내다볼 수가 없어 천천히 주행했다. 1시간 정도 안개와 씨름하다 겨우 파노라마루트의 시작인 graskop 마을에 도착하니, 시야를 확보할 수 있을 만큼 안개가 걷혔다.

　graskop를 조금 벗어나니 도로 양옆으로 끝없이 펼쳐지는 아프리카 대자연이 파노라마로 펼쳐진다. 파노라마루트에는 미국의 그랜드 캐년, 나미비아의 피쉬리버 캐년과 더불어 세계 3대 협곡 중 하나인 블라이드 리버 캐년을 중심으로 대자연을 감상할 수 있는 코스가 있다. 그러나 나는 그냥 지나쳤다. 꼭 봐야 하는 멋진 관광 명소

**139**

도 좋지만, 파노라마루트 자체가 워낙 아름다운 길이라 자유를 만끽하며 달리고 싶었다.

도로는 포장이 잘되어 있어 수많은 사이클과 산악자전거 팀이 라이딩을 즐기고 있다. 이처럼 말끔한 도로와 환상적인 풍경은 자전거를 타기에 최고의 조건에 부합한다. 그렇게 잘 포장된 도로를 한참을 달리니, 'viewpoint'라고 적힌 곧 떨어질 듯한 낡은 표지판이 보였다. 세계적인 관광지도 지나친 나이건만, 강한 호기심에 이끌려 차를 세우고 안내 표지를 따라 걸어 들어갔다.

그리고 얼마 지나지 않아 백악기시대 공룡이 뛰놀았을 것 같던 장엄한 풍경이 펼쳐져 있다. 거대한 산맥 사이로 커다란 암석들이 쿠키에 박힌 초콜렛처럼 큼지막하게 박혀 있다. 생각지도 못한 자연의 선물에 또다시 입이 벌어진다. 아무도 존재하지 않는 적막한 산맥을 바라보고 있으니 한 마리 공룡이 된 듯한 착각이 들어 공룡 울음소리를 따라냈나. "이히히힝히!" 그러자 울음소리가 메아리되어 내 귓가로 들려온다.

다시 정신을 차리고 차에 올라타 주변 풍경을 감상하며 달렸다. 길모퉁이에 다른 표지판이 보인다. 표지판에는 '베를린 폭포'라고 적혀 있다. "아프리카에 베를린 폭포?" 폭포의 명칭이 흥미를 불러일으킨다. 나는 차의 방향을 돌려 베를린 폭포로 향했다. 렌트카 여행의 장점이 확연히 드러나는 순간이다. 내가 가고 싶은 곳, 내가 멈추고 싶은 곳에서 멈출 수 있다는 것이 정말 행복하다.

베를린 폭포에 도착하니 이상할 만큼 고요하다. 이번 포인트는 실패라고 생각이 들었다. 그래도 이왕 여기까지 온 것, 빨리 보고

고요함속에 흐르는 베를린 폭포의 눈물

141

공룡이 뛰 놀았을 것 같은 파노라마루트의 뷰포인트

그래도 나에게는 꿈이 있다

가기 위해 폭포 쪽으로 성큼성큼 걸어갔다. 그리고 그곳에서 폭포는 고요하게 떨어지고 있었다. 폭포의 목소리는 사방이 드넓게 펼쳐진 숲에 상쇄되고 있었다. 규모가 큰 폭포는 아니지만, 베를린 폭포는 우아하게 눈물을 흘려보내고 있다. 마치 세상이 음소거가 된 듯 내 숨소리만 들려온다.

　아, 좋다! 비록 베를린폭포의 지명에 대한 수수께끼는 끝내 풀지 못했지만, 아름다운 추억을 남기고 다시 어디론가 떠났다.

지나침의 미학.

[남아프리카 공화국-크루거 국립공원]

▼

# 당신의 인생에서
# 가장 즐거웠던 날은 언제였습니까?

파노라마 루트를 이용하여 크루거 국립공원의 허리, 팔라보와 게이트에 도착했다. 크루거 국립공원은 남아공 최대의 관광지이자 남아프리카 최대의 국립공원이다. 내가 탄자니아의 세렝게티 사파리 투어를 선택하지 않고 크루거 국립공원을 선택한 이유는 단 하나! 크루거 국립공원의 최대 장점인 셀프 사파리를 즐길 수 있다는 점 때문이다.

여타 다른 사파리투어는 4륜 구동 차량에 가이드를 동행하여 동물들을 보는 것이지만, 크루거 국립공원은 공원 내 포장도로가 잘 정비되어 있어 개인 차량을 이용해 동물들을 찾으러 다닐 수 있다. 온몸에서 모험심과 탐험심이 솟구쳐 나오는 나에게 최고의 코스인 셈이다. 게다가 남아프리카의 서식하고 있는 포유류의 절반이 이곳에서 서식하고 있어 다양한 동물들을 만날 수 있는 좋은 기회이다.

게이트에서 이틀간 묵을 캠프를 예약하고 차량 내 검문검색을 실

경계심이 많아 작은 움직임에도 용수철처럼 튀어 오르는 영양류

시한 뒤 국립공원에 입장했다. 끝없이 펼쳐진 초원에 포장도로가 깔려 있다. 나는 안경을 고쳐 쓰고 본격적으로 동물 찾기에 돌입했다. 게이트를 지나, 5분쯤 흘렀을까? 나는 잠시 생각에 빠졌다. 내가 지금 꿈을 꾸고 있는 것일까? 눈앞에 보이는 것이 현실일까?

차를 멈추고 창문을 내렸다. 눈앞에 기린 가족이 나를 신기하다는 듯이 쳐다보고 있다! 철장 우리에 갇힌 기린이 아닌 정말 야생에서 살아가는 기린들인 것이다. 분명 동물원에서 봐 왔던 기린들과 다른 활기찬 표정이다. 세 마리의 기린 가족은 나에게 윙크를 한번

해 주고는 이내 멀리 떠나 버렸다. 나는 이제껏 상상도 하지 못한 신세계에 와 있던 것이었다.

공원 내의 제한속도의 절반 속도로 오늘의 야영지 올리팬츠 캠프 (olifants camp)로 향했다. 그러나 잠시 후, 차를 다시 멈출 수밖에 없었다. 이번에는 임팔라가 옆에서 풀을 뜯고 있는 것이 아닌가! 임팔라들은 직접적인 위협을 가하지 않으면 도망가지 않아 나는 지그시 눈을 감고 임팔라가 풀을 뜯어 먹는 소리를 감상했다. 한참이 지난 뒤 눈망울이 초롱초롱 빛나는 임팔라를 뒤로하고 다시 시동을 거니, 임팔라 무리는 용수철처럼 튀어 다른 곳으로 간다. "잘 가, 임팔라!"

다시 운전대를 잡고 달리다가 또 멈춰 섰다. 우와! 이번에는 얼룩말 무리들이 한가로이 풀을 뜯어 먹고 있다. 사실 크루거 국립공원에는 방문하면 꼭 봐야 한다는 이른바 big 5의 동물들이 정해져 있다. 바로 사자, 코뿔소, 표범, 버팔로, 코끼리이다. 하지만 나는 남들이 정한 기준에는 애초에 관심이 없었다. 나의 목표는 오로지 얼룩말에 있었다. 나의 버킷리스트 중에는 '69번 얼룩말 엉덩이 만지기'가 있는데, 안타깝게도 크루거 국립공원에서는 사파리 중 차에서 내리는 것을 엄격하게 금지하고 있기 때문에 눈으로만 바라봐야 했다.

얼룩말들은 선명한 줄무늬를 가지고 있다. 심지어 얼룩무늬에 맞춰 갈퀴색도 똑같다. 평화롭게 풀을 뜯어 먹는 얼룩말을 바라보다 순간 나의 심장은 발밑으로 떨어져 버렸다. 바로 새끼얼룩말 때문이다! 엄마와 어쩜 그렇게 똑같이 생겼는지, 어리지만 줄무늬만큼은 선명하다. 작은 다리에도 얼룩무늬가 있다. 할 수만 있다면 집에 데려가고 싶을 정도였다. 어렸을 적 놀이터에서 흔히 보던 작은 목마 같아서 너무 귀엽고 앙증맞았다. 새끼얼룩말은 엄마의 큰 발걸음을 따라 아장아장 뛰어간다. 역시 이 세상 모든 생물체의 새끼는 모두 사랑스럽다. 새끼 얼룩말을 구경하다 보니 어느덧 날이 저물어 간다. 오후 6시 면 국립공원 내 모든 캠프의 게이트를 닫기 때문에 6시까지 오늘 묵을 캠프에 도착해야 한다. 나는 새끼 얼룩말 때문에 떨어진 심장을 주워 담고 다시 출발했다. 하지만 얼마 못 가서 차를 또다시 세웠다. 날이 저물어 가는 도로 한가운데 고독을 느끼며 하이에나 한 마리가 기품 있게 걸어간다. 차를 타고 살금살금 하이에나를 추월하며 표정을 살펴보니 고민 가득한 모습이다. 하이에나에게는 무슨 고민이 있을까?

차를 세우고 터벅터벅 걸어오는 하이에나에게 말을 걸었다. "하이에나야, 무슨 고민 있니?" 하이에나는 나를 힐끗 쳐다보고는 "뭘봐?"라는 함축적 의미의 눈빛을 발산하고 고독히 가던 길을 간다. 크루거 국립공원은 나를 〈정글북〉의 주인공 모글리로 만들어 주었다. 혼자 있어도 어깨가 절로 들썩인다. 6시가 되긴 전, 가까스로 올리팬츠 캠프에 도착했다.

캠프 리셉션에서 키를 받고 지정받은 숙소로 들어갔다. 움막처럼 지어진 숙소는 생각보다 깔끔했다. 배가 고팠던 나는 캠프 내에 있는 레스토랑으로 향했다. 그러나 이번에도 나의 발길을 잡는 풍경이 나타났다. 식당 앞 초원 사이로 흐르는 강에는 하마들이 고개를 박고 무엇인가를 뜯어 먹고 있었다. 그 너머로는 다홍색의 노을이 초원에 밤을 초대하고 있다.

나는 레스토랑 테이블에 앉아 음식을 주문하고 초원을 한없이 바

▲ 갈퀴와 꼬리에도 얼룩무늬가 뒤덮힌 귀여운 얼룩말
▼ 국립공원 음식점에서 값싸고 양질의 음식을 만날 수 있었다

그래도 나에게는 꿈이 있다

라보았다. 눈물 나게 행복하고 감동적이다. 크루거 국립공원은 나에게 너무 과분한 행복을 선물해 주었다. 언젠가 누군가 나에게 "당신의 인생에서 가장 행복했던 날이 언제였습니까?"라고 물어본다면 자신 있게 대답할 수 있을 것 같다.

"바로 오늘이요!"

 기린은 물을 마실 때 다리를 찢는다.

황홀했던 밀림의 석양

[남아프리카 공화국-크루거 국립공원]
▼

# 잠자는 사자의
# 코털을 건드리다

어젯밤, 절묘하게도 동물 친구들과 정글을 누비는 꿈을 꾸었다. 나의 마음은 동심으로 돌아가 돌아오지 않은 듯하다. 오늘은 올리팬츠 캠프에서 스쿠자 캠프로 이동할 계획이다. 마음에 둔 것은 아니지만 빅5 동물 중 한 마리도 못 봐 조금은 아쉬웠다. 오늘은 색다른 동물 친구들을 만나고 싶은 마음에 서둘러 나왔다.

어제 나에게 환상적인 초원의 석양을 선물해 준 레스토랑으로 다시금 향했다. 나는 하마들보다 게으른 것일까? 하마들은 이른 아침부터 일어나 열심히 풀을 뜯고 있다. 나는 테이블에 앉아 생과일 듬뿍 담긴 요거트로 아침 끼니를 해결하고 차에 올라탔다. 어제는 포장도로를 달렸으니, 오늘은 좀 더 다양한 동물들을 보기 위해 차에 무리가 가더라도 비포장도로를 가 볼 생각이다.

비포장도로에는 속력을 내지 못하기 때문에 스쿠자 캠프까지 열심히 운전해야 한다. 메인도로를 빠져나와 비포장도로를 들어왔는데, 비포장도로는 물결무늬로 흙이 단단히 굳어 버려 차 전체에 진동이 울린다. 목소리를 내니 자동 바이브레이션이 된다. 나는 차 안에서 기교가 많이 들어간 음악을 선곡해 따라 불렀다. 가수가 따로 없다. 비포장도로의 바이브레이션 시스템은 꽤 완성도 높은 곡을 만들어 냈다.

하지만 시간이 지나 발라드, R&B, 헤비메탈을 모두 섭렵해도 어쩐 일인지 야생 동물의 움직임이 포착되지 않는다. 괜히 비포장도로로 온 것인가? 실망하고 있는 찰나, 굵은 나무가 벌목되어 꺾이는 소리가 난다. 차를 세우고 앞 유리창으로 소리의 진원지를 찾았지만 아무것도 보이지 않는다.

안타까운 마음을 뒤로하고 차를 다시 출발시키려는데, 운전석 옆으로 거대한 코끼리 한마리가 "나 찾고 있었니?" 하는 모습으로 나타난다. 태어나서 처음 보는 야생코끼리였다. 코끼리는 무리 활동을 하는 것으로 알고 있었는데, 저 코끼리는 짝을 찾지 못했는지 혼자서 있다. 지금까지 흔히 봐 왔던 회색코끼리가 아닌 검정 톤의 코끼리는 귀를 천천히 팔랑거리며 지구 최강의 모습을 보여 준다.

외톨이 코끼리가 풀을 뜯어 먹고 있는 것을 자세히 들여다보니, 가시덤불을 코로 휘감아 뜯어 먹고 있다. 보는 내가 고통스럽지만 갑옷 같은 피부로 무장한 코끼리에게는 가시덤불은 한낱 삼겹살의 오도독뼈에 불과하리라. 코끼리의 갑옷 피부와 엄청난 덩치를 보니 나의 버킷리스트 31번인 '코끼리 귀 만지기'는 본능적으로 불가능하다는 것을 느꼈다. 나는 들뜬 마음에 코끼리에게 중얼거리니, 코끼리는 심기가 불편했는지 한번 째려본다. 코끼리의 카리스마에 압도

도로를 건너고 있는 코끼리 가족

당한 나는 급히 차를 출발시켰다.

　하지만 어제와 마찬가지로 이번에도 얼마 못 가 차를 세웠다. 바로 〈티몬과 품바〉에서 봤던 품바 캐릭터인 멧돼지가 나타난 것이다. 멧돼지는 우람했던 만화 속 캐릭터와는 달리 작은 체구다. 게다가 풀을 뜯어 먹는데 무릎을 꿇은 자세로 먹는다. 갑자기 멧돼지에게 연민의 정을 느꼈다. 나는 겸손한 멧돼지에게 〈라이언킹〉 주제가를 불러 주며 다시 갈 길을 나섰다.

　이제는 다시 포장도로에 접어든다. 그런데 포장도로 위에는 황토색의 돌들이 마구 널브러져 있다. 평소 같았으면 그냥 지나칠 것을, 호기심이 많아진 나는 차를 세우고 들여다보니 돌이 아닌 거북이들이다. 바닷가에서만 살 것 같은 거북이가 이 초원에서 살고 있다니! 거북이는 인기척을 듣고 도로를 건너 풀숲으로 숨어 버린다. 관심을 갖지 않고 그냥 지나쳤으면 졸지에 거북이 뺑소니범이 될 뻔했다. 나는 도로 위의 거북이들을 요리조리 피해 달렸다.

그렇게 한참을 달리고 있는데 무언가 초원에 쓰러져 있다. "어, 무엇이지?" 차를 급히 후진해 보니 사자다! 아니, 사자들이다! 그

밤샘 근무를 마치고 낮잠에 빠진 수사자들

경계심이 많은 기린을 가까이서 포착한 것은 행운이었다

런데 미동도 없이 누워 있다. 병에 걸렸나? 아님 밀렵꾼에 의해 운명을 다했나? 여러 가지 생각이 든다. 내가 창문을 열고 사자를 크게 부르자, 갈기가 무성한 수사자는 고개를 돌리며 "잠자고 있는 사자의 코털을 건드리는 게 누구야?"라는 눈빛으로 쏘아붙인다. 실제로 사자들은 사냥 활동을 하지 않을 때에는 잠자는 것이 주요 일과이다. 나는 한 시간 동안 사자들이 깨어나길 기도했지만, 깊은 잠에 빠진 듯 움직임이 없다.

더는 기다릴 수가 없다. 해질 시간이 다가와 다시 갈 길을 가야 했다. 그런데 저 멀리 차들이 멈춰 서 있다. 국립공원에서 여러 대의 차들이 멈춰 선 것은 처음 봤다. 분명 무엇인가 존재한다는 직감이 번쩍 들었다. 나는 정차하고 있는 차의 무리에 끼어서 차를 멈춰 세웠다. 사람들은 한결같이 한곳을 바라보고 있다. 나도 많은 사람들의 시선을 따라 고개를 돌리니, 어어! 코뿔소다!!

코뿔소는 최근 밀렵으로 인해 개체수가 급감하여 만나 보기 힘든 동물 중 하나이다. 크루거 국립공원은 모잠비크와 국경이 맞닿아 있어 밀렵꾼들이 단속을 피해 가며 코뿔소의 뿔을 노리고 있다고 한다. 왜 밀렵꾼들은 코뿔소의 뿔에 그렇게 집착할까? 부끄러운 이야기지만, 코뿔소에 뿔은 중국과 동남아시아 등에서 정력에 좋다는 미신과 더불어 한약재나 장식용으로 팔리기 때문에 수많은 코뿔소들이 밀렵을 당하고 있다고 한다.

게다가 코뿔소 뿔의 가격은 금보다 비싼 kg당 7만 달러 이상(약 8,000만 원)에 거래되고 있다. 다 자란 코뿔소 한 마리가 약 10kg의 뿔을 가지고 있으니, 코뿔소 한 마리를 잡으면 8억 원에 가까운 돈

을 손에 쥘 수 있는 것이다. 8억 원은 우리나라에서도 큰돈이지만, 물가를 감안하면 아프리카에서는 말 그대로 인생 역전인 것이다. 이런 사실을 알 리가 없는 코뿔소는 태평하게 풀을 뜯어 먹고 있다. 코뿔소가 인간의 언어를 알아듣는다면 이야기해 주고 싶다. "코뿔소야, 사람이 제일 위험해!" 코뿔소를 바라보고 있으니 불편한 마음과 안타까운 마음이 들어 다시 차를 출발시켰다.

온종일 날이 흐리더니, 이제야 비가 주룩주룩 내린다. 포장도로에는 어느새 물이 고여 웅덩이가 만들어진다. 그리고 임팔라, 독수

육식동물보다 더욱 위협적이었던 버팔로

리, 버팔로들이 도로로 나와 목을 축인다. 비가 내리니 가장 신난
것은 거북이들이다. 거북이들은 어디서 왔는지 축축 젖은 도로를
대부분 점령하고 있었다. 덕분에 나는 거북이바라기가 되어 요리조
리 피해 운전을 했다.

　날이 저물어 가는 오후, 게이트 폐쇄 시간에 맞춰 숙소에 도착하
여 짐을 풀고 그대로 누웠다. 그리고 눈을 감고 국립공원 내에서 만
났던 동물들을 하나씩 떠올려 봤다. 가랑이를 찢으며 물을 마시던
기린 가족, 도로에 불쑥 나타나 깜짝 놀라게 한 코끼리 아저씨, 밤

샘 근무를 마치고 깊은 잠에 빠진 사자 무리들……. 자연에서 삶을 영위하는 동물들은 평화롭고 행복해 보였다. 앞으로 인간의 탐욕에 의해 생명을 잃는 동물들이 줄어들었으면 좋겠다.

 모든 생명은 행복할 권리가 있다.

africa

# 배움

[스와질란드-음바바네]
▼

# 편견도 병입니다

다음 날, 크루거 국립공원을 떠나 3시간을 달려 스와질란드 국경에 도착했다. 출입국 사무소에 차량등록증, 국제운전면허증, 여권을 함께 제출하니 출입국 관리소 직원은 한 치의 고민도 없이 입국도장을 찍어 준다. 차량으로 처음 통과하는 국경이라 걱정했는데, 복잡한 절차 없이 간단하게 서류 확인 후 통과시켜 준다.

그런데 신기한 점은 국경심사대 테이블에서 무료로 피임기구를 나눠 준다는 점이었다. 스와질란드는 세계 최고의 후천성 면역 결핍증 감염률의 국가이다. 스와질란드 정부 통계상 국민 3명 중 1명이 에이즈에 감염된 것으로 파악되었다. 이 때문에 국민의 기대수명도 35세를 넘지 못한다. 일부다처제를 허용하는 스와질란드에서는 피임이나 HIV검사를 경시하는 풍조가 있으며, 설령 HIV에 감염된 것을 인지하였다고 해도 에이즈에 대한 인식이 좋지 않아 은폐하려는 경향 때문에 에이즈가 빠르게 퍼져나갔다고 한다.

출입국 절차가 간단했던 남아공-스와질란드 국경

　사실 나는 입국 심사 받을 때부터 타인과의 접촉을 경계했다. 머릿속에서는 3명 중 1명은 에이즈 환자일 거라는 수치적 계산이 모든 행동을 머뭇거리게 만든다.

　스와질란드 수도 음바바네로 향하는 길. 길이 계속 구불구불하고 날씨 또한 변덕스럽게 바뀐다. 안개도 많이 끼고 포트 홀도 도로 곳곳에 존재해 운전하기에는 최악의 상황이다. 특히 남아공에서 렌트한 차량은 다른 국가에서 보험 혜택을 받지 못하기 때문 자칫 잘못하다가는 거금을 날릴 수도 있다. 그래서 거북이 속도로 달릴 수밖에 없었다.

음바바네에 도착하니 도로 위에 차량이 많다. 오늘 아무것도 먹지 못했기 때문에 음바바네에서 점심을 먹어야겠다는 생각에, 차를 돌려 주차할 곳을 찾았다. 그런데 주차할 곳이 없다. 조그마한 왕국에 차가 이렇게 많을 것이라고 상상도 못했다. 나는 가까스로 대형 마트 주차장에서 주차를 한 뒤 마트로 들어갔다.

마트에는 많은 사람들이 보인다. 제과점에서 케이크를 열심히 만드는 아르바이트생, 닭고기를 굽는 아주머니, 엄마에게 과자를 사 달라고 조르는 아이 모두들 건강하고 활기차 보인다. 내가 상상했던 무기력하고 병든 스와질란드가 아니다. 고정관념이라는 것은 참 무섭다. 내가 생각의 한계를 정해 놓는 것과 다름없기 때문이다. 생각의 한계가 정해지면 자연스레 행동에도 제약이 생긴다. 나는 후천성면역결핍증에 대해서 무지했으며 색안경을 끼고 바라보고 있었던 것이다.

마트에서 사 온 음식을 먹으며 웹서핑으로 에이즈에 대해 공부를 했다. HIV 감염경로는 크게 4가지로 나눌 수 있다. ① 성관계, ② 주사기 공동 사용, ③ 감염된 산모의 출산, ④ 감염된 혈액의 수혈. 배낭여행자인 나에게는 약간의 거리가 있는 경로들이다. HIV는 입맞춤, 악수, 운동, 식사 등의 신체 접촉으로는 전염되지 않는다. 특히 모기로 인한 감염도 염두에 두고 있었는데, 감염인을 문 모기에게 물려도 감염되지 않는다고 한다.

그것도 모르고 나는 모기약을 온몸에 덕지덕지 바른 까닭에 모기 대신 사람들이 나를 피했다. 길을 몰라도 사람들에게 길을 묻지 않고, 환한 웃음으로 다가오는 아이들에게도 냉대했던 나 자신을 반성을 했다. 에이즈는 불치병이 아닌 고혈압과 당뇨병과 같은 만성질환이다. 에이즈 환자들을 아프게 하는 것은 병이 아닌 사람들의 시선이다. 나는 그 후로 선입견을 버리고 스와질란드를 온몸으로 느끼며 즐거운 시간을 보냈다.

 편견이 병이다.

[스와질란드─음릴와네 국립공원]

▼

# '적당히'도
# 배워야 한다

나는 음바바네에서 끼니를 해결하고 음릴와네 국립공원으로 향했다. 국립공원까지 거리가 그리 멀지 않아 차로 20분 정도 달려 도착했다. 국립공원 입장료는 40랜드로 저렴하다. 음릴와네 국립공원은 맹수가 서식하지 않고 초식동물만 살고 있어 아름다운 트레킹 코스를 직접 걸어 다니면서 자연을 즐길 수 있다.

나는 게이트를 지나 공원 내의 유일한 백패커스인 손젤라 백팩커스로 이동했다. 숙소는 게이트와는 상당한 거리로, 숙소로 향할수록 숲이 더욱 무성해진다. 울창한 숲을 지나니 멀리 황금빛 언덕 위에 자리한 숙소가 보인다. 나는 숙소에 도착하여 짐을 풀었다. 짐을 정리하고 밖으로 나와 시계를 확인해 보니 일몰 3시간 전, 트레킹하기에 딱 좋은 시간이었다. 나는 옷가지를 챙겨 입고 숙소 밖으로 나왔다.

숙소 근처에는 숙소 이름을 따서 만든 '손젤라 트레킹 코스'가 있

다. 나는 표지판을 따라 천천히 걸었다. 오전에 흐렸던 날씨와는 다르게 푸른 하늘이 펼쳐져 있다. 환상적인 트레킹 코스에는 인적이 없다. 크루거 국립공원에서는 운전만 하느라 온몸이 근질근질했는데, 이렇게 자연을 온몸으로 느낄 수 있어 더욱 기분이 좋다.

나는 신발과 옷을 벗어 놓고 마구 달렸다. 약간의 뜀박질은 아드레날린을 분비시켜 더욱더 기분을 좋게 해 준다. 풀숲 사이에서는 임팔라와 얼룩말들도 덩달아 신났는지 같이 뛴다. 시원하게 불어오는 바람은 나의 살갗을 감싸 주고 황토와 자갈로 다져진 트레킹 코

맹수가 서식하지 않아 워킹사파리가 가능했던 이국적 풍경의 음릴와네 국립공원

그래도 나에게는 꿈이 있다

171

스는 나의 맨발로 통해 아프리카의 기운을 전해 준다. 정말 원시인이 된 듯한 기분이다. 누군가 보고 있으면 이상한 놈이 따로 없지만, 그래도 이곳에서는 남의 시선을 의식할 필요 없이 마음껏 자연을 즐기면 된다.

한참을 달리다 보니 히포트레킹 코스와 겹쳐졌다. 히포트레킹 코스? 이름만 듣고도 단번에 하마를 만날 수 있는 곳임을 직감적으로 느꼈다. 나는 히포트레킹 코스에 합류하여 또다시 뛰었다. 길은 더욱더 울창한 곳으로 나를 안내해 준다. 이런 밀림에서 하마와 마주치는 상상만으로도 매우 설렌다. 하마를 만나면 무조건 도망가야 할까? 아니면 뽀뽀를 해 줄까? 여러 가지 생각 중 가장 현실적인 방안인 '나무 위로 올라가 하마를 관찰하기'로 결정했다.

2시간쯤 걸었을까? 더욱더 깊은 산속으로 들어간다. 아무리 생각해도 하마가 이렇게 깊은 산속에 살 것 같진 않다. 돌이켜보니 한참 동안 트레일 안내판을 못 봤다. 어느새 해도 저물어 가고 있어 숲은 어둑어둑하다. 게다가 숙소 근처에다가 신발과 옷을 벗어 놓았다. 발바닥을 보니 지압 효과로 인해 발갛게 부어 있고, 기온은 내려가 맨몸인 상체는 온통 닭살로 뒤덮였다. 이제 하마는 고사하고 숙소까지 돌아가야만 한다. 일몰시간은 이제 30분 남았다. 뒤늦게 정신 차린 나는 맨발로 열심히 뛰었다. 걷고 싶었지만 땀이 식어 버리는 바람에 체온이 떨어져 뛸 수밖에 없었다.

어느덧 일몰시간이 지나 컴컴한 밤이 되었다. 눈앞은 깜깜하고 발바닥은 아프고 길도 못 찾겠다. 나는 울며 겨자 먹기로 무작정 뛰었다. 아까 상상했던 하마와의 설렘 가득한 만남은 밤이 되니 공포

**172**
그래도 나에게는 꿈이 있다

로 바뀌어 버린다. 이 숲 속을 벗어나 숙소로 무사히 살아 돌아가야 한다. 한 치 앞도 안 보이는 상황. 팔을 휙휙 저어 가며 왔던 길을 되짚어 보면서 걸었다. 그러다 물이 고여 있는 바닥을 지나가다 발이 미끌어져 넘어졌다. 온몸에는 온통 진흙이 묻었다. 원시인 타령을 하다가 진짜 원시인이 되어 버린 것이다.

나는 불과 몇 시간 전까지 하마에 홀려 일몰시간을 깜박한 스스로를 질책하고 원망했다. 하늘은 나의 경솔함을 용서하셨는지 울창한 숲 속을 벗어나게 해 주셨다. 멀리 언덕 위에 가로등이 밝혀 있는 숙소가 보인다. 그리고 다시 손젤라 트레킹 코스에 합류하는 지점으로 돌아왔다. 나는 만신창이가 되어 숙소로 돌아왔다. 숙소 리셉션을 담당하시는 아주머니는 퇴근하셨는지 보이지 않는다. 대화상대가 없어서 그런지, 생각보다 무덤덤하게 몸을 씻고 침대에 누웠다.

그리고 나도 모르게 혼잣말을 중얼거렸다. "멍청이."

 깨달음  <u>욕심 끝엔 상처뿐.</u>

맥주 맛이 탁월했던 스와질란드의 대표맥주 SIBEBE
재활용 병을 사용했기에 위생상태가 조금 아쉬웠다

그래도 나에게는 꿈이 있다

[스와질란드-음릴와네 국립공원]

▼

# 놀라게 해서
# 미안

음릴와네 국립공원의 드넓은 초원에서 일출을 보기 위해 아침 일찍 알람을 맞춰 놨지만 알람소리를 듣지 못했다. 여행을 하는 동안 알람소리를 놓친 적이 한 번도 없었는데, 어제 원시인 사건은 나의 정신과 육체를 흔들어 놨다. 옷을 챙겨 입고 밖으로 나가니 이미 해는 들판 위로 떠오르고 있었다. 늦었다고 생각했을 때가 가장 빠른 때인 법! 비록 일출을 놓쳤지만, 아침 햇살을 맞으며 음릴와네의 아침을 즐길 생각에 숙소 밖 풀숲 사이에 박힌 바위에 자리를 잡고 앉았다. 일교차 때문인지 초록 들판에는 하얀 안개가 내려앉아 있었다. 태양이 고개를 들어 올릴수록 초록빛 들판은 환하게 빛난다.

그때였다. 수풀 사이에서 부스럭부스럭 소리가 들려 왔다. 나는 호흡을 멈추고 가만히 소리의 진원지를 확인해 봤다. 풀숲 사이에는 얼룩말들이 풀을 뜯고 있었다. 매우 근접한 거리다. 문득 크루거 국립공원에서 이루지 못했던 나의 '버킷리스트 69번 얼룩말 엉덩이 만지기'가 생각난다. 야생동물을 만지려거나 괴롭혀서는 안 되지만, 정말 딱 한 번만 엉덩이를 만져 보고 싶었다.

나는 한동안 얼룩말이 놀랄까 봐 굳은 상태로 가만히 있었다. 얼룩말들은 고개를 돌려 반대편 쪽에서 풀을 뜯는다. 기회는 이때다. 꼬리가 살랑살랑 흔드는 엉덩이가 보인다. 나는 아마존 여행 시 나무늘보에게서 배운 느릿한 움직임으로 아주 천천히 일어났다. 다행히도 아직까지 얼룩말이 눈치를 채지 못한 것 같다. 나와 얼룩말 간에 거리는 불과 3m 내외. 내가 여기서 갑자기 뛰어들면 얼룩말이 놀랄 것 같아, 천천히 다가가서 터치만 하고 돌아갈 계획을 세웠다.

그리고 시속 1m의 속도로 다가갔는데, 얼룩말이 인기척을 느꼈는지 고개를 홱 돌린다. 우리는 눈이 마주쳤다. 나의 모든 작전이 발각된 것이다. 급한 마음에 순간 나는 도루하는 이종범 선수를 떠올리며 몸을 던져 얼룩말의 엉덩이를 터치했다. 얼룩말은 깜짝 놀라 강한 뒷 발차기를 추진력 삼아 잽싸게 도망간다. 안타깝게도 나는 슬라이딩 도중, 터치와 동시에 뒷발차기에 맞았다. 터치는 했으니 야구로 치면 세이프다.

얼룩말은 한참을 도망가더니 원망의 눈빛으로 바라본다. 나의 욕심에 얼룩말을 놀라게 한 것 같아 너무 미안했다. 나는 얼룩말이 고소를 해도 죗값을 달게 받을 생각이었다. 얼룩말은 넘어져 있는 나를 한심한 표정으로 바라본 뒤, 큰 콧구멍을 이용해 한숨을 쉬고 멀리 떠나 버렸다. 하얀 티셔츠에는 뒷발차기의 자국이 선명히 남았다.

 인과응보!

▲ 악어들이 득실대던 음릴와네 국립공원의 이름 모를 호수
▼ 한심한 표정으로 나를 바라보고 있는 얼룩말

**177**

싱그러움이 가득했던 음릴와네 공원의 아침

그래도 나에게는 꿈이 있다

# 아프리카 운전
# 적응기

## 1. 남아프리카 대부분의 국가는 운전 방향이 우리나라랑 정반대이다

기어를 포함하여 사이드브레이크를 왼손으로 작동해야 한다. 하지만 가장 큰 문제점은 도로 주행이다. 여간 헷갈리는 것이 아니다. 특히 교차로에서 좌회전, 우회전을 할 때 익숙하지 않아 역주행을 하는 바람에 현지인들로부터 야유를 들어야 했다. 그리고 하위차선에서 좌회전은 우리나라처럼 비보호가 아니다. 반드시 신호에 맞춰 좌회전을 해야 한다. 또한 추월차선도 반대라 오른쪽에 위치한다. 나는 분명 오른쪽 끝 도로를 따라 정속주행을 했으나, 뒤에 따라오는 추월 차들에게 강력한 빔을 몇 번이나 맞고야 알아차렸다.

## 2. 운전 매너이다

아프리카에서 운전을 하며 가장 놀랐던 점이기도 하다. 추월차선은 정확했다. 나보다 속도가 빠른 차가 다가오면 반드시 하위차

한국과 운전석이 반대이므로 각별히 주의를 기울여야한다

선으로 비켜 준다. 그러면 감사의 표시로 비상깜박이를 켜 준다. 주요 도시를 제외하고 대부분의 도로는 1차선이라 뒤에서 차가 다가오면 추월을 할 수 있도록 갓길로 차를 붙이거나 반대편에 차량이 오면 깜박이로 알려 준다. 무리한 끼어들기를 하거나 상대편 운전자에게 미안한 상황이 오면 창문 밖으로 손을 내밀며 사과의 표현을 한다. 레소토, 스와질란드, 남아프리카공화국에서 2주간 운전하는 동안 난폭운전 및 보복운전을 단 한 번도 보지 못했다. 생각했던 것과는 다르게 운전 문화에 있어서는 우리나라보다 훨씬 수

**181**

준이 높았다.

## 3. 히치하이킹 문화이다

요하네스버그를 빠져나오자마자 국도, 고속도로 상관없이 길 한편에서 손을 흔들며 사람들이 히치하이킹을 시도한다. 심지어 사람이 거주할 수 없는 황무지 도로 위에서도 히치하이킹을 하는 사람들이 존재한다. 하지만 히치하이킹을 하여 강도로 돌변하는 사건, 현지 택시 기사들이 손님을 빼앗아갔다는 명분하에 현금을 강탈하는 사건 등으로 대사관에서는 히치하이킹을 권장하지 않는다. 나는 혼자였기 때문에 안전에 위험이 될 수 있어 아무도 태워 드릴 수가 없었다.

## 4. 속도위반 단속은 카메라가 아닌 경찰들이 숨어 시행한다

어느 지방 국도에서는 운전 중 언덕을 넘어 고개를 내려가는 길에서 경찰이 스피드건으로 속도를 촬영한다. 나는 타국에서 운전할 때는 더욱더 안전속도로 운전하기 때문에 단속될 일이 없었지만, 남아공 경찰들은 의심스러우면 무조건 차를 세웠다. 나는 규정 속도로 달렸고 국제 운전면허증도 갖고 있어 트집 잡힐 것이 없었다. 한번은 인적이 드문 곳에서 경찰의 제지 신호를 맞춰 차를 멈춰 세웠다. 경찰은 나에게 터무니없는 금액의 뇌물을 요구했다.

나는 한국에서 여러 가지 상황에 알맞게 대처 방안을 준비해 와 플랜C를 실행시켰다. 나는 경찰들의 사진을 찍고 이름과 소속을 적었다. 수집한 정보에 의하면, 남아공에서 뇌물수수죄는 중죄라 플

안타깝지만 안전을 위해서 히치하이킹은 금물이다

랜C를 실행시키면 경찰이 미안하다며 보낸 준다고 하였지만, 이번 경찰은 나를 체포하려 한다. 우리 넷은 그렇게 실랑이를 벌이다가 내 머릿속에 문득 최근에 모잠비크인의 체포 거부권으로 인해 경찰에 살해된 사건이 스쳐 지나갔다. 나는 당장 플랜C 실행을 중지시키고 협상에 나섰다. "나는 가진 돈이 없어. 봐봐, 좋은 차도 아니잖아." 불의에 굴복하면 안 되지만, 현실적으로 안전을 위해서는 어쩔 수 없는 선택이었다. 나는 50랜드를 내고 겨우 풀려났다. 단속이 아니라 납치라고 표현을 하는 것이 알맞을 것 같다. 그 후 나는 마트에서 생수와 간식거리를 구입하여 경찰에 제지를 받을 때마다 생수와 간식거리를 먼저 건넸다. 돈을 뜯기지 않는 최선의 선택이었다.

## 5. 포트 홀을 조심하자

운전 중 대부분의 도로 상태기 좋아 신나게 달리다가 포트 홀들을 만난 적이 있다. 다행히 작은 홀이라서 무사히 통과했지만, 큰 포트 홀 같은 경우에는 차가 전복되어 자칫 대형사고로 이어질 수 있다. 포트 홀은 지뢰처럼 도로 곳곳에 매장되어 있다. 운전 시 안전속도를 지키며 시야를 멀리 두어 포트 홀의 유무를 확인하여 운전해야 한다.

## 6. 동물들을 조심하자

스와질란드의 한 지방도로를 운전하던 중, 갑자기 반대편 차선에서 당나귀가 뛰어오고 소 무리 떼가 길을 건넌다. 아프리카에서 운전을 하면 도로 위에서 수많은 동물들을 보게 된다. 대부분 방목을 하며 키우는 가축들이기 때문에 이곳저곳을 자유롭게 돌아다닌다. 이동하면서 도로에 튀어나온 동물만 해도 말, 멧돼지, 염소, 당나귀, 개 등 〈TV 동물농장〉에 나올 만한 웬만한 주인공들을 도로에서 만났다.

## 7. 타이어 펑크를 조심하자

강렬한 햇빛에 달궈진 아스팔트 도로에서는 작은 요철을 만나도 쉽게 펑크가 난다. 언제 어디서 펑크가 날지 알 수 없다. 나도 펑크로 인해 스페어타이어로 교체한 적이 몇 번 있다. 아프리카에서 운전할 때에는 항상 스페어타이어와 타이어 교체 공구를 차에 지니고 다니자.

## 8. 주유소가 보이면 기름을 채우자

당연한 이야기이지만 쉽게 놓치는 부분이기도 하다. 도시에서는 여유가 있지만, 장거리 운전 시 시골 도로에서는 언제 주유소가 나올지 모른다. 한번은 기름게이지가 절반 정도 남아 있어 여유를 부렸는데, 400㎞를 달려도 주유소가 나오지 않았다. 놀란 마음에 극악 처방으로 에어컨을 끄고 최대한 탄력 주행을 하여 겨우겨우 주유소를 발견한 경험이 있다. 아프리카 도로 한복판에서 기름이 떨어지는 것은 상상만 해도 끔찍하다.

## 9. 차 안에 귀금속 및 전자장비는 안 보이는 곳으로 숨기자

남아공에서 벌어진 사건 사고를 분석한 결과, 주차된 차의 창문을 부수고 차량 내 귀금속을 훔쳐 가는가 하면, 심지어 신호 대기 중인 차의 유리창을 부수고 탑승자의 가방을 뺏는 사례도 빈번하다. 대부분의 차량에 선팅이 되어 있지 않아 범죄자들은 표적을 정하기 쉬워 보인다. 나는 항상 가방을 트렁크에 싣고 지갑과 핸드폰은 가슴 안쪽 주머니에 넣어 두었다. 늦은 밤 시골길이나 으슥한 곳을 운전을 하게 된다면, 빨간불이더라도 차를 천천히 움직여 그대로 통과하는 방법을 추천한다.

## 10. 차의 문이 잠겼는지 항상 확인하자

요즘에는 전파 차단기를 사용하여, 버튼으로 도어락 버튼을 눌러도 전파 차단으로 잠기지 않게 하여 차량 내 금품을 절취하는 수법도 늘었다. 차를 잠그고 나서는 항상 잠겼는지 확인해 보자.

## 11. 내비게이션을 빌리기보다 스마트폰을 활용하자

운전 방향이 달라 모든 것이 정신없는 가운데 아프리카에서는 길을 어떻게 찾아야 할까? 렌트카 회사에서 내비게이션을 빌릴 수 있으나 범죄의 표적이 되기도 하고, 게다가 금전적으로도 렌트 비용으로 인한 지출이 커진다. 나는 구글 지도를 오프라인에서 사용할 수 있도록 남아프리카 지도를 모두 다운로드하여 인터넷 연결 없이 지도를 활용하였다. 구글 지도의 내비게이션은 생각보다 훨씬 편리했다. aux케이블을 사용하여 차량에 연결하고 목적지를 설정하면 모든 것이 끝! 음성 안내와 대부분의 길은 직선도로라 교차로에서만 주의를 하면 수월하게 목적지까지 도착할 수 있다. 나는 구글 지도를 이용해 남아공 스와질란드, 레소토 등 다양한 국가들을 내비게이션 없이 여행할 수 있었다.

 만국 공통의 안전운전법은 방어운전이다.

[모잠비크-나마샤]

▼

# 나 지금 떨고 있니?

스와질란드 국경에서 차를 주차하고 도보로 모잠비크의 나마샤 (Namaacha) 국경에 도착했다. 모잠비크 출입국관리소의 직원은 한국인을 처음 본 듯 한참 동안 비자에 관한 법률을 찾아보다 상급자를 불러온다. 완장을 차고 있는 그는 한국인은 도착비자를 받아야한다며 78달러를 내라고 한다. "헉! 비자비용이 이렇게 비싸다니?" 다른 국가의 2배가 넘었다. 하지만 어쩔 수 없었다. 나는 바지 안에 넣어두었던 복대를 꺼내 꾸깃꾸깃 접혀 있는 100달러짜리를 주었다.

출입국관리소 직원은 정확한 금액을 거스름돈으로 돌려주고 비자를 발급해 주었다. 아프리카에서 국경을 넘을 때 출입국관리소 직원에 갑질과 뇌물 요구가 많았는데, 모잠비크는 비자비용을 비싸게 받아서 그런지 수월하게 통과시켜 주었다. 그리고 따로 짐 검사가 없어 출입국사무소를 나왔는데, 이번에는 총을 든 군인들이 먹잇감을 발견한 듯 나를 쳐다보고 손짓 한다. 그리고 몸수색을 하겠다고 한다.

나는 스와질란드에 주차된 차에 모든 짐을 넣어 두었기 때문에 복대와 핸드폰밖에 없었다. 군인은 나의 바지 속에 있는 복대를 꺼내더니 검색을 한다. 그리고는 소중히 보관하고 있던 100달러짜리를 대놓고 가져간다. 대부분의 국경수비대의 레퍼토리는 "시원한 음료를 사 먹게 돈을 조금 주면 안 되겠니?" 아니면 배낭 안에 간식이 있으면 달라고 부탁하던 것이 대부분인데, 모잠비크의 군인은 너무나도 당당했다.

나는 어이없는 웃음을 짓고 군인에 쥐어진 복대와 100달러짜리를 낚아챘다. 그리고 뒤를 돌아가는데, 검은 군인은 나를 돌려세우고 배에다가 총부리를 갖다 댄다. 더운 날씨와는 다르게 싸늘하게 식어 버린 총구가 나에게 닿았을 때 흠칫 놀랐다. 그리고 살아온 날들이 주마등처럼 지나간다. 군인은 냉소를 지으며 빨갛게 충혈된 눈으로 나를 바라보고 있다. 겁이 난다.

하지만 100달러를 줄 수는 있어도 뺏기기 싫었다. 찰나의 순간 수많은 고민 끝에, 나는 총구를 손으로 붙잡아 다른 방향으로 돌린 뒤 군인을 노려보았다. 막상 대차게 행동했으나 총구를 쥐고 있는 손이 후덜덜 떨린다. 차마 밑을 쳐다보지 못했지만 다리도 사시나무 떨 듯 떨리고 있는 것 같다. 정말 고맙게도 주위에 구경꾼들이 몰려와 우리를 말려 준다. 나는 화가 안 풀린 듯한 눈빛으로 군인을 쏘아붙이면서 그곳을 빠져나왔다.

뒤통수가 시큼시큼하다. 뒤돌아보고 싶다. 다시 쫓아오면 어떡하지? 설마 많은 사람이 보고 있는데 실제로 쏘지는 않겠지? 나는 100

달러에 목숨을 걸었던 바보 같은 짓을 후회했다. 국경지대를 빠져 나온 후 뒤를 돌아보니, 아무 일 없었다는 듯 평화로웠다. 나는 그제야 가려운 뒤통수를 박박 긁었다.

 용기와 객기의 차이.

[모잠비크-나마샤]

▼

# 모잠비크에서
# 미술 선생님이 되다

모잠비크의 한 시골마을을 배회하다 어디선가 세상에서 가장 아름다운 소리가 들려온다. 나는 소리에 이끌려 발걸음은 옮겼다. 맑은 소리 끝에는 작은 초등학교가 나왔는데, 흙 밭에서 아이들이 신나게 뛰어놀고 있었다. 내가 학교로 들어가니 아이들은 경계의 눈빛으로 바라보다 내가 활짝 웃으니 호기심의 눈빛으로 바뀌어 다가온다. 나는 복대 안에 숨겨 둔 즉석카메라를 꺼냈다.

사실 아프리카 여행을 결정하고 나서 현지에서 봉사 활동을 하고 싶었다. 하지만 봉사 활동을 하더라도 시간을 많이 할애할 수 없어 실질적인 도움이 되지 않을 것 같았다. 그렇다고 물질적으로만 지원을 해 주기에는 내가 생각했던 봉사 활동과는 거리가 멀었다. 나는 고심 끝에 전자기기를 접할 기회가 힘든 곳에 가서 아이들의 현재 모습을 사진으로 담아 훗날 어린 시절의 추억을 간직할 수 있게 해 주기로 결정했다.

사소한 것 하나에 미소를 짓던 어린아이

그래도 나에게는 꿈이 있다

뜻깊은 일을 혼자만 할 수는 없는 법. 나는 출근해서 평소에 가족같이 지내던 선배들에게 묻지도 따지지도 말고 1만 원만 달라고 졸랐다. 우리의 멋진 선배들은 정말 묻지도 따지지도 않고 쾌척을 하셨다. 나는 받은 돈을 모아 즉석필름을 주문하고 선배들에게 사실대로 털어놨다. 반강제로 빼앗은 돈의 사용처를 말씀드리니, 선배들은 좋아하시며 웃으신다. 혹시 부족하지는 않느냐며 다시 지갑을 꺼내시지만, 즉석필름을 넉넉히 주문했기에 부족함이 없었다.

나는 복대 안에 두둑이 쌓인 필름을 꺼내 카메라에 삽입한 뒤, 달려오는 아이들에게 사진을 찍어 주었다. 본인의 사진을 받은 아이들은 매우 즐거워하며 작은 포켓주머니에 구겨지지 않게 조심스레 넣어 둔다. 어느새 주위를 둘러보니 전교생이 나와 운동장은 순식간에 아수라장이 되었다. 이곳에서도 완력이 존재했다. 고학년에 힘 있는 아이들은 서로 먼저 찍으려고 다투고 있었다. 전교생이 나에게 거는 기대는 컸다.

어느새 선생님까지 나와 계셨다. 나는 선생님에게 도움을 요청하여 아이들을 줄을 세워서 차례대로 사진을 찍어 주었다. 아이들이 행복해하는 모습을 보니, 행복한 마음과 동시에 내가 해 줄 수 있는 일이 이것밖에 없다는 점에서 안타까웠다. 카메라의 배터리와 필름이 모두 동이 날 때쯤, 선생님께서는 어눌한 영어로 외국인을 볼 기회가 없는 아이들에게 학교 수업을 해 주면 안 되겠냐고 제안하신다.

"제가 선생님이 되라고요? 나는 아이들에게 가르쳐 줄 수 있는 것이 없습니다." 게다가 언어가 통하지 않는 곳에서 내가 할 수 있는

즉석 사진은 생각보다 아이들에게 인기 만점이었다

게 무엇일까? 음악? 과학? 수학? 모두 자신 없는 과목들이다. 그런데 마침 한국에서 자투리 시간을 활용해 동물 그리기 책을 따라 동물들은 그리며 혼자 키득키득 웃었던 기억이 난다. 맞다! 그림을 가르쳐 주어야겠다.

나는 선생님에게 동물 그리기를 가르쳐 줄 수 있다고 말을 했다. 그러자 선생님은 나를 교실로 안내해 주신다. 정말 믿기지가 않는다. 불과 며칠 전까지만 해도 사무실 책상에서 업무를 보고 있던 평범한 직장인이던 내가 모잠비크 학교의 교단에 서 있다니……. 자

꾸 헛웃음만 나오지만, 나에게 주어진 시간인 만큼은 진심으로 아이들과 재밌게 놀아 주고 싶었다.

　나는 기억을 더듬어 칠판에다가 토끼를 그려 주었다. 그리고 아이들도 토끼를 따라 그린다. 그림 실력이 좋은 아이는 나보다 훨씬 잘 그린다. 하지만 그림을 그리는 데 능숙하지 못한 아이들은 낙심하고 있다. 내가 다가가서 그리는 것을 도와주니 고개를 파묻으며 부끄러워한다. 나는 순수한 아이들에게 푹 빠져 버렸다. 그런데 아이들은 그림을 완성하고 난 뒤, 고개를 갸우뚱한다. 무슨 일일까?

옆에서 지켜보시던 선생님은 아이들은 토끼를 한 번도 본 적이 없다고 한다.

맞다! 여기는 아프리카다! 나는 아이들이 봤을 만한 사슴, 원숭이, 돼지 그리는 법을 가르쳐 주고 다 같이 흉내 내는 시간을 가졌다. 모두들 환하게 웃는다. 누가 더 잘 그렸는지 경쟁하지 않았다. 순위를 매겨 상벌을 하지도 않았다. 단지 나도 동심으로 돌아가 아이들과 함께 즐기고 있었던 것이었다. 오히려 아이들이 나에게 행복을 가르쳐 주고 있었는지도 모른다. 그리고 훗날 멋진 선배들에게 내가 받은 행복을 전송해 드렸다.

 **깨달음** 이 세상 모든 아이들의 마음은 하얀 도화지!

[스와질란드]

▼

# 혼자 할 수 있는 일이
# 하나 더 생겼습니다

모잠비크 여행이 끝난 뒤, 렌트카를 주차해 두었던 스와질란드 국경으로 다시 넘어왔다. 사실 모잠비크 여행 내내 차에 대한 걱정이 컸다. 누가 훔쳐 갔으면 어떡하지? 차가 망가져 있으면 어쩌지? 나는 밀린 숙제를 검사받으러 가는 마음으로 조심스레 차로 다가갔다. 그런데 오? 멀쩡하다. 어디 하나 흠집 난 곳이 없다. "감사합니다. 스와질란드 국민분들."

차에 올라타 가뿐한 마음으로 운전대를 잡았다. 오늘은 남아공까지 500㎞의 장거리운전을 할 생각이다. 충전기를 잭에 꽂고 AUX 케이블을 스마트폰에 연결한 뒤, 신나는 음악과 함께 가속페달을 밟았다. 흰둥이는 그동안의 휴식을 만끽하였는지 엔진성능이 향상된 느낌이다. 남아공 국경으로 가는 길 Hlane 국립공원을 가로지르게 된 덕분에 도로 양옆에서 풀을 뜯어 먹는 기린들을 볼 수 있었다. 그리고 차량을 찾아보기 힘든 텅 빈 도로는 나의 오른발에 힘을 실어 주었다.

아스팔트가 이글거리는 오후 2시, 휑한 도로에서 나 혼자 달리려니 졸음이 밀려온다. 눈을 감았다 떴다를 반복하다 앞 유리를 쳐다보는데, 하얀 소복을 입은 귀신이 보인다. 비몽사몽한 눈을 비비고 룸미러로 뒤 유리창을 보니 뒤에도 귀신이 보인다. 나는 갓길에 차를 세우고 정신을 차렸다. 귀신은 여전히 있었다. 차에서 내리니 보닛에서 하얀 연기가 뿜어 나온다. 뒤쪽을 보니 뒷바퀴에서도 마찬가지로 하얀 연기가 뿜어 나온다. 타이어가 펑크가 난 것이다. 그렇다면 앞에서 나오는 연기는 무엇일까?

차에 대해 기본 정비 지식이 없었던 나는 두려움이 밀려왔다. 주위에는 도움을 요청할 사람도 없고 정비소가 있을 만한 마을도 없다. 그냥 황량한 벌판이다. 게다가 이곳은 스와질란드이다. 남아공을 제외한 다른 국가에서는 보험 적용이 되지 않아서 보험사에 연락을 취한다면 어마어마한 수수료를 지급해야 할 것이다. 아니, 로밍도 터지지 않아서 그 방법조차 시도하지 못한다. 이럴 때일수록 침착해야 하는 법. 나는 갓길 옆에 앉아 바나나를 까먹으며 생각을 했다. 도대체 이 난관을 어떻게 헤쳐 나가야 할까?

도로에 차량이 달려오면 도움을 요청할 생각이었지만, 지금까지 운전하면서 봤던 차는 손에 꼽을 정도였다. 한국에서 나의 직업은 엔지니어다. 내 손으로 고쳐 봐야겠다. 우선 뒷바퀴 펑크부터 해결해야겠다. 트렁크를 여니 스페어타이어와, 자키와 각종공구들이 나왔다. 그런데 사용법이 한국어로 적혀 있다. 한국에서 생산된 차이다. 오! 하늘이시여! 나는 사용법대로 차근차근 펑크 난 타이어를

떼어 스페어타이어로 교체했다. 처음 해 본 일이지만 능숙하게 잘
해냈다.

　두 번째 미션은 앞에서 뿜어 나오는 연기이다. 무엇이 문제일까?
나는 계기판에서 이상신호를 알려 줄 것 같은 생각에 시동을 다시
걸었다. 엇! 계기판의 온도게이지가 빨간 눈금에 위치해 있다. 쉬지
않고 달려서 그런지, 냉각수도 부족하고 차가 열을 받은 것 같다.
마침 근처에 개울가가 있어서 PET병에 물을 담아 나의 소중한 애마
에 시원한 등목을 시켜 주었다. 자꾸 헛웃음이 나온다. 내 꼴이 말

이 아니다. 나는 그렇게 10번 정도 개울가에서 물을 떠 와 차에 물을 뿌렸다. 확실히 연기가 잦아들었다.

이쯤 되면 정비 완료인가? 하지만 여전히 불안하다. 냉각수를 보충해야겠다. PET병 입구에 A4용지를 돌돌 말아 종이 필터를 만들고 개울가에서 물을 담았다. 그리고 냉각수 주입구에 정화된 물을 넣었더니, 연기가 완전히 사라졌다. 시동을 걸어 게이지를 확인하니 정상 온도로 돌아와 있다.

나는 차에 올라타 아주 천천히 가속페달을 밟았다. 흰둥이는 포장도로를 미끄러지듯 달리기 시작한다. 내가 해냈다! 나는 엔지니어다!!! 사실 그렇게 어려운 작업은 아니지만 침착하게 대응했던 나의 모습에 스스로 대견했다. 나는 즐거운 마음에 차에서 라디오 DJ가 되어 음악을 선곡하였다.

"진원이 부릅니다. 〈고칠게〉."

 깨달음 __호랑이에게 잡혀 가도 정신만 차리면 산다.__

[레소토-사니탑]

▼

# 세상에서 가장
# 아름다운 국경

오늘은 드디어 비밀에 싸인 왕국 레소토로 향하는 날이다. 레소토 왕국은 드라켄즈버그 산맥으로 둘러싸인 요새와 같은 지형이다. 그래서 입국 루트를 곰곰이 생각해야 한다. 남아공의 아름다운 해안도시, 더반에서 하룻밤을 묵었던 나는 레소토의 수도인 마세루로 우회해서 입국할 수 있지만 기름 값과 시간 그리고 최근 정치적인 불안한 상황에 우회로를 선택할 수 없었다. 나는 정공법으로 드라켄즈버그 산맥을 가로지르는 사니패스 길로 가기로 마음먹었다.

사니패스는 남아공과 국경과 레소토 국경 사이의 비포장도로를 칭하는데, 드라켄즈버그 산맥을 배경으로 구불구불 나 있는 비포장도로는 환상적인 풍경이라며 현지인들이 칭찬을 아끼지 않았다. 다만 아쉬운 점은 사니패스는 거친 비포장 길이라 4륜 차량 이외에는 통과하지 못한다고 한다. 그렇기 때문에 남아공 국경에서 차를 주차하고 사니패스를 걸어서 올라갈 수밖에 없다.

▲ 사니패스로 향하는 길은 초록물결로 가득했다
▼ 봉우리를 칼로 자른 듯한 드라켄즈버그 산맥

그래도 나에게는 꿈이 있다

나는 자동차정비소에서 펑크 났던 타이어를 교체하고 기본 정비를 마친 뒤 사니패스로 향했다. 사니패스로 향하는 도로는 아름다운 풍경을 뽐내며 나의 시선을 잡아끈다. 파란 하늘을 잡아먹을 듯한 커다란 뭉게구름들은 두둥실 유영하고 있고 연두색으로 가득한 초원은 환상적이다. 차를 자꾸 세워 경치를 감상하는 바람에 예상 도착 시간이 2시간이나 밀렸다.

시간 단축을 위해 속도를 조금 더 내려는 순간, 비포장도로가 시작 된다. 큰 바위들과 자갈들이 굴러다녀 차가 요동을 친다. 만약 오픈카였다면 제트기의 비상 탈출 장치처럼 차 밖으로 튕겨 나갈 것 같다. 사실 나는 사니패스를 우습게 봤었다. 나의 운전 실력이면 승용차로 4륜 차량이 올라가는 곳도 손쉽게 올라갈 수 있을 것이라 생각했지만, 비포장도로에 진입하자마자 바로 생각을 접었다.

흰둥이는 몇 번의 신음 끝에 남아공 국경에 도착했다. 그리고 나는 차에서 모든 짐을 꺼내 출국도장을 받고 사니패스로 들어섰다. 남아공 국경과 레소토 국경 사이의 사니패스는 약 8㎞로, 2시간 정도 올라가야지만 나는 3시간을 생각하고 천천히 올라갔다. 사니패스를 둘러싼 산들은 신에게 노여움을 샀는지 모든 봉우리가 칼로 잘려 나간 듯 평평하다. 비포장도로 옆에는 시원한 계곡이 흘러 목을 축이게 도와준다.

1시간쯤 걸었을까? 그만 신발 바닥이 찢어져 버렸다. 히치하이킹을 하고 싶었지만 지금까지 사니패스를 지나가는 차량을 보지못 했다. 지압은 건강에 좋으니 긍정적인 생각으로 걸었다. 그렇게 발바닥의 감각이 사라질 때쯤 드디어 레소토 국경에 도착했다. 뒤를 돌

따리를 튼 뱀을 연상케 하는 사니패스 길

아보니 장엄한 풍경이 나를 바라보고 있다. 초록색으로 물든 민둥
산 사이에 내가 걸어왔던 구불구불한 비포장 길이 뱀처럼 따리를 틀
고 있다. 정말 아름답다.

　나는 자신 있게 말할 수 있다. 세상에서 가장 아름다운 국경은 바
로 사니패스라고…….

 세상에서 가장 아름다운 국경은 사니패스.

[레소토-사니탑]

▼

# 길이 아닌 곳에서
# 만난 것들

12시간을 넘게 잤다. 어제 사니패스를 힘들게 걸어올라 온데다 저녁에 맥주까지 마셨으니 긴 잠을 이룰 수밖에 없었다. 사니패스 정상은 고도가 높아 아침 기온이 낮을 줄 알았는데 선선하여 딱 좋다. 사니패스 정상에는 아프리카에서 가장 높은 곳에 위치한 펍이 있다. 짐을 챙기고 그곳으로 아침 식사를 하러 갔다. 식당에는 요거트와 토스트, 각종 과일이 있어서 하루 활동량의 에너지를 보충하기에 좋았다.

식사를 마치고 아름다운 풍경이 훤히 보이는 창문을 바라보고 있는데, 옆 테이블의 사람들이 나에게 관심을 보인다. 그들은 레소토의 드넓은 초원을 산악자전거를 타고 여행 중이라고 한다. 나도 산악자전거를 좋아하여 공감대를 형성하고 그들에게 킬리만자로 산을 자전거로 올라간 사진을 보여 주니 반응이 폭발적이었다. 다들 사진을 메일로 보내 달라고 한다. 그리고 방송 카메라로 인터뷰를 한다. 나는 한사코 사양했지만, 다들 괜찮다고 하여 짧은 영어로 인터뷰를 마쳤다.

그중 나에게 가장 관심이 많던 사람은 데이비드였다. 데이비드는 더반에서 산악자전거 스쿨을 운영하는데, 나에게 남아공에서 산악자전거 강습 일자리를 제안하며 그는 자기 메일로 사진을 꼭 보내 달라고 한다. 데이비드의 일자리 제안에 솔깃했지만, 안타깝게도 나는 엔지니어다! 데이비드에게 사진을 보내 주고 사니패스 옆 봉우리로 구경 갔다.

바람이 몹시 분다. 정상에서 바라보는 사니패스는 절경이라 한참 사진을 찍고 있는데, 바위틈 사이에 레소토 소년이 앉아 있다. 선선한 날씨에 팬티 바람에 담요만 걸친 복장이다. 나는 즉석카메라를 꺼내 소년의 추억을 찍어 주었다. 그리고 다시 펍으로 왔는데, 데이비드가 나에게 사니패스에 올라왔으면 반드시 가 봐야 할 뷰포인트를 추천해 준다.

"준, 내가 드라켄즈버그산맥이 한눈에 보이는 뷰포인트까지 데려다줄게." "데이비드, 그곳이 어디야? 위치만 알려 줘. 걸어가 볼게." 나는 시간에 구애받지 않고 자연을 느끼고 싶었다. 데이비드는 손끝으로 저 멀리 초원을 가리킨다. "데이비드, 길이 없는데? 그냥 초원인데?" "저기 초원 끝에 가면 굉장한 곳이 나타날 거야." 데이비드의 말 한마디가 나의 호기심을 자극했다. 나는 당장 가방을 챙겨 데이비드가 가리킨 초원의 끝으로 걸어갔다.

한참을 걸었을까, 아까 그 소년과 다시 마주쳤다. 그리고 그는 말없이 나를 따라온다. 가방에 있는 간식을 몽땅 털어 주어도 한사코 사양하며 계속 따라온다. 나는 그렇게 레소토 허허벌판에서 예기치 못하게 여행 동행이 생겼다. 소년에게 핸드폰 카메라로 사진을 찍어 달라고 부탁하니, 손가락으로 카메라를 가리고 전혀 이상한 곳을 찍는다. 소년은 처음 만져 보는 전자기기라 서툴렀지만, 몇 번 하다 보니 제법 능숙해졌다.

　뷰포인트로 올라가는 길은 따로 없었다. 드넓은 초원을 양들과 함께 거닐며 데이비드가 가리킨 곳으로 무작정 올라갔다. 하늘은 청명하고 푸른 초원에 하얀 양과 근육질의 말들이 여유롭게 풀을 뜯

초식동물의 뷔페 레소토 초원

**207**

초원 끝에 위치한 나만의 뷰포인트에서

어 먹고 있다. 초원은 워낙 고요해서 내 숨소리와 바람소리만 들려
온다. 그때였다. 소년이 갑자기 뛰기 시작한다. "어? 왜 뛰지?" 나
도 덩달아 뛰었다. 소년은 저 멀리 풀을 뜯어 먹고 있던 당나귀를
순식간에 잡아 올라탄다. 야생 당나귀를 올라타다니……. 그 모습
을 보고 나도 야생 당나귀를 쫓아갔으나 자꾸 도망간다.

　고도가 3,000m라는 것을 깜박하고 전력질주를 하니 심장이 자신
이 살아 있음을 증명이라도 하듯 엄청난 속도로 뛴다. 소년과 나는
말이 통하지는 않았지만 소년은 행동으로 야생 당나귀를 잡는 법을

알려 줬다. 당나귀를 잡을 때에는 뒤에서 다가가지 말고 옆에서 다가가야 한다. 나는 심장에게 양해를 구하고 다시 풀을 뜯고 있는 당나귀로 돌진했다. 그리고 한참의 추격전 끝에 당나귀를 붙잡았다. 격렬한 반항을 예상했지만, 의외로 순하다.

당나귀는 얼음땡 놀이를 하는 어린아이처럼 그대로 멈춰 버렸다. 내가 등에 올라타니 움직이질 않는다. 말을 타듯 앞으로 나가자고 부탁을 해도 요지부동이다. 당나귀는 말처럼 덩치가 크지 않아서 나의 발이 땅에 닿는다. 당나귀를 타는 것은 포기한 나는 사과의 의

성격이 온순했던 당나귀와 찰칵

미로 근처에 있는 풀을 뜯어서 입에 갖다 주니 먹질 않는다. 삐친 것이 틀림없다. 토라진 모습이 너무도 귀엽다. 남미에서 나의 사랑은 나무늘보였으나 아프리카에서 나의 사랑은 당나귀다. 우리는 비록 친해지지는 못했지만, 같이 사진을 찍고 뷰포인트로 올라갔다.

언덕 너머의 뷰포인트에 도착하니 깎아내린 듯한 절벽이 코앞이다. 드라켄즈버그산맥의 속살들이 그대로 보인다. 풍경에 빠져 한참 동안 넋을 놓고 바라보고 있는데, 같이 따라온 소년의 친구들이 어디선가 바람처럼 다가온다. 그리고 나에게 사진을 찍어 달라고 한다. 소년이 내가 찍어 준 즉석 사진을 친구들에게 자랑한 모양이다. 그래서 최대한 예쁘게 찍어 줬더니 매우 좋아한다.

우리는 풍경을 감상하다가 끼니 시간에 맞춰 숙소로 내려갔다. 그런데 소년이 따라오지 않는다. 뒤돌아보니 잘 가라고 손을 흔들어 준다. 정말 바람처럼 왔다가 바람처럼 가는 레소토 소년이었다.

 동물도 삐칠 수 있다.

[레소토-사니탑]

# 이대로 여행이
# 끝날지도 몰라

드라켄즈버그산맥을 구경하고 내려오니, 시간은 벌써 점심시간이다. 점심밥을 먹고 남아공으로 복귀해야겠다. 아침밥을 먹던 펍에서 치킨커리와 콜라를 계산하려는데, 어쩐 일인지 내 복대가 보이질 않는다. 가방을 샅샅이 뒤져 봐도 없다. 난 그 자리를 뛰쳐나와 가게 주인에게 차를 빌려 달라 사정했다. 하지만 초원에는 차량 진입이 불가능했다. 가게 직원들이 복대를 찾으려면 아까 걸었던 길을 따라갈 수밖에 없다고 한다.

젠장! 복대에는 내 여권, 돈, 신용카드가 모두 들어 있다. 게다가 레소토에는 대사관이 없어서 여권을 찾지 못한다면 일이 복잡해진다. 절망스럽게 드넓은 초원에서 내가 걸었던 길이 어디인지, 어디서 잃어버렸는지 알 수가 없었다. 가게 보안요원과 같이 따라나섰다. 나는 제일 먼저 아까 그 소년을 의심했다. 소년과 헤어졌던 곳까지 샅샅이 수색하며 걸었지만, 내가 걸었던 길인지 아닌지도 모르겠다. 그리고 복대 색깔은 초원에 수없이 널려 있는 돌색과 정확히 일치하여 막막했다.

오전에 2시간 동안 오른 길을 급한 마음에 40분 만에 올랐다. 그리고 잠깐 휴식했던 곳과 사진 찍었던 곳을 가 봤지만 나의 복대는 보이지 않는다. 저 멀리 나와 동행했던 소년이 보여 달려가서 소년을 붙잡았다. 그리고 보안요원과 함께 추궁을 했지만, 소년은 전혀 모르는 눈치이다. 의심을 해서 너무 미안했다.

나는 현지인인 보안요원에게 돈은 필요 없으니 여권만 찾자고 부탁했다. 초원 밑에서 차량 한 대가 올라온다. 아침에 봤던 데이비드다! 데이비드는 복대를 찾는 데 도와주러 올라왔다고 한다. 이렇게 고마울 수가……. 그렇게 우리 수색 팀은 4시간 동안 초원을 샅샅이 뒤졌지만, 찾을 수 없었다. 나는 긴급히 남아공 내 한국대사관에 전화를 하여 상황을 설명했다.

"대사관이죠? 제가 레소토에서 여권과 카드가 들어 있는 복대를 잃어버렸는데 어떻게 해야 하나요?" "DHL 화물로 사진과 분실증명서랑 각종 여권신청서류를 보내 주시면 재발급 뒤 화물로 다시 보내 드리겠습니다." "재발급해서 여권을 다시 받는 데 얼마나 걸릴까요?" "2주 정도 걸릴 것 같습니다."

차라리 남아공에서 여권을 잃어버렸다면 대사관으로 가면 되지만, 나는 대사관이 없는 레소토에 있어서 어쩔 수 없이 문서를 화물로 주고받아야 한다. 소요시간은 대략 2주, 하지만 이곳은 여권사진을 찍을 곳도 없고 서류를 프린트할 곳도 없다. 무엇보다 돈이 없다. 이런 상황을 대사관에 설명했지만, 도와줄 수 있는 방법이 없다

▲ 망망대해와 같은 초원에서 복대 찾기는 서울에서 김 서방 찾기였다
▼ 복대 찾는 것을 도와준 마을 청년들

그래도 나에게는 꿈이 있다

고 한다. 맞는 말이다.

'나는 이제 어떻게 해야 할까?' 곰곰이 생각했다. 잠시 뒤면 해가 저무니 복대를 한 번 더 찾으러 갈 생각에 재킷을 빌려 입고 초원으로 나섰다. 레소토는 일교차가 심해 늦은 오후부터는 춥다. 설상가상으로 먹구름까지 밀려온다. 아무래도 복대를 찾기 힘들 것 같다. 그렇다고 여권을 재발급 받으려 2주 넘게 레소토에 머물 수도 없는 노릇이다. 차선책으로 남아공 입국을 시도해야겠다는 생각이 들었다.

나는 서둘러 가방을 챙겨 레소토 국경으로 향했다. 그리고 레소토 측 출입국관리소 직원에게 내가 처한 상황을 설명하니, 직원은 마을사람들을 통해 이미 나의 상황을 알고 있었다. 직원은 "여권은 없어도 되니 날이 저물기 전에 남아공 국경으로 서둘러 가 봐."라고 말한다. 이렇게 고마울 수가⋯⋯. 나는 고맙다는 인사도 전하지 못한 채 황급히 사니패스를 향해 뛰었다. 남아공 국경까지의 길은 걸어서 2시간 정도 걸리는데, 남아공 측 국경사무소 클로징 시간은 2시간밖에 남지 않은 상황이었다. 난 열심히 뛰었다.

그때였다. 레소토 측에서 차량 한 대가 내려온다. 난 급한 마음에 길 한가운데를 막고 태워 달라고 애걸했다. 운전을 하는 아저씨와 아줌마는 나의 다급한 상황을 알아차린 듯 어서 타라고 하신다. 차에 올라타자마자 절묘한 타이밍으로 비가 쏟아진다. 나는 남아공 국경사무소가 닫히기 전에 무사히 남아공 국경까지 내려갔다.

그러나 가장 큰 문제는 여권 없이 남아공 입국이 가능할지 미지수다. 남아공 국경에 도착한 후, 출입국 사무실로 들어갔다. 직원분들은 나의 출국심사를 담당해 주신 분들이었는데, 다행히 나를 기억해 주신다. 나는 상황을 설명하고 국경에 주차된 나의 렌트카를 타고 대사관까지 가게만 허락해 달라고 했다. 그런데 직원들의 반응이 예상외로 긍정적이었다.

국경수비대 직원은 나를 침착히 달래 주며 한국 대사관에 전화를 걸어 주었다. 하지만 대사관은 업무 종료 시간이라 전화를 받지 않았다. 직원은 "걱정하지 마. 너는 범죄자가 아니야. 우리는 너를 믿어. 대사관 가서 일처리 잘해."라며 입국을 허가해 줬다. 순간 마음이 울컥했다. 레소토 마을 주민, 남아공 출입국 관리소 직원들 모두가 나를 걱정해 주고 도와주고 있었다. 나는 감사의 인사를 드리고 주차된 차를 타고 무작정 출발했다.

로밍조차 터지지 않는 지역이라 무작정 갈 수밖에 없었다. 그러나 당장 대사관이 위치한 프리토리아까지 갈 통행료도, 기름 값도 없어 시내가 나오면 거리에서 필요성이 낮은 보조배터리와 옷가지들을 팔아 현금을 미련해야겠다는 생각이 들있다. 현금이 없으면 600㎞ 떨어진 프리토리아까지 이동할 방법이 없었기 때문이다. 다음은 카드회사에 전화해 분실신고를 해야 한다. 나는 로밍이 터지기 시작한 순간, 카드 회사 직원과 전화 통화를 연결했다.

그때였다. 커다란 SUV 차량이 내 차를 가로막는다. 그리고 덩치 큰 사람이 내려서 나에게 다가온다. 그리고 남자가 호주머니에서 무엇인가를 찾고 있다. '경찰인가? 강도인가? 아니면 나를 불법입국으로 잡아가는 것일까?' 여러 생각이 스쳐 지나가는 와중에 다가오는 남성의 얼굴을 자세히 보니, 어라!? 레소토 식당 주인아저씨다. 나는 정체 모를 남자의 신원을 확인한 후 차에서 내렸다.

▲ 사니패스 끝에 위치한 레소토 측 국경 사무소
▼ 우여곡절이 많았던 남아공 국경사무소

217

아저씨는 나에게 내 복대를 찾았다고 한다. 와우!!! 게다가 여권과 카드도 그대로 있다고 한다. 사장님은 그래서 날 쫓아온 것이었다. 나는 국경을 내려오면서 사실상 이번 여행의 종료를 생각했다. 여권을 발급받는 시간도 오래 걸릴 뿐만 아니라 돈도 없었기 때문이다. 나는 차를 돌려 재빨리 남아공국경으로 갔다. 남아공국경소의 직원에게 여권을 찾았다고 하니, 이번에도 웃으며 그냥 통과시켜 줬다. 그리고 식당 아저씨 차를 얻어 타고 다시 레소토로 올라갔다.

20분을 달려 레소토 국경에 도착하니, 레소토 국경수비대 직원들은 모두 환호하며 축하해 줬다. 나는 직원들과 일일이 축하의 악수를 나눈 뒤 식당에 도착했다. 계산대에서 식당 점원이 나의 복대를 척하고 내민다. "와! 정말 다행이다!" 모든 것이 그대로 있었다. 나의 복대를 찾아준 분은 초원을 떠돌아다니던 유목민이라고 한다. 사례를 하고 싶었지만, 그 유목민은 바람처럼 떠났다고 한다.

여권이 없었으면 한국으로 돌아가는 것이 늦춰졌을 것이고 여행도 포기했을 텐데, 정말 행복하다. 오늘 하루는 천국과 지옥을 오갔던 날이었다. 나는 나 때문에 고생했던 직원들에게 시원한 맥주를 대접했다. 그리고 바깥을 확인해 보니 어둠이 내려앉아 있어 오늘도 이곳에서 자기로 결정했다. 그날 저녁, 나의 사정을 알고 있던 식당 직원들과 여행객들은 모두 하나가 되어 복대를 찾은 기념의 파티를 벌여 주었다.

 **깨달음** 귀중품은 분산 보관하자.

▲ 사니패스 정상에는 아프리카에서 가장 높은 위치에 있는 펍이 있다
▼ 끝 맛이 달콤했던 레소토 대표맥주 MALUTI

[남아프리카 공화국-이스트런던]

▼

# 남아공에서 소개팅을 하다

오늘은 레소토에서 포트엘리자베스까지 이어지는 긴 여정이다. 지도를 확인해 보니 10시간이 소요되며 거리는 무려 800㎞이다. 그것도 쉬지 않고 달렸을 때의 이야기이다. 나는 끼니도 거른 채 한참을 달렸지만, 하루에 800㎞를 운전히는 것은 아무래도 무리인 듯했다. 예상컨대 오늘 포트엘리자베스까지 간다면 심야에 도착할 것이다. 나는 일정을 변경하고 중간 지점인 이스트런던에서 묵기로 결정했다.

이스트런던의 밤은 생각보다 으슥했다. 거리에는 검은 형님들이 거친 음악을 크게 틀어 놓고 춤을 춘다. 무섭다. 이스트런던 거리에 들어서니 처음으로 호텔 간판을 발견했다. 도로에 주차를 하고 호텔로 들어가려는 순간, 정체 모를 아저씨가 나에게 다가와 다짜고짜 돈을 달라고 한다. 난 두려운 마음에 뒤도 돌아보지 않고 호텔로 뛰어 들어갔다.

호텔 데스크에서는 남자 직원이 활짝 웃으며 나를 반겨 준다. 호텔 숙박비를 문의하니 자그마치 1,000랜드라고 한다. 한화로 약 10만 원이다. 나 혼자 묵기에는 엄청난 액수이다. 나는 직원에게 500랜드 방을 원한다고 하니, 마침 싱글 룸이 한 군데 남는 곳이 있다고 하여 곧바로 결제했다. 사실 어둠의 거리로 나가 다른 숙소를 찾아 배회할 자신이 없었기 때문이다. 나는 방을 배정받고 호텔 로비에서 와이파이 연결 문제로 보안요원과 몇 마디 이야기를 나누다가 금세 친해졌다.

시간이 꽤 지난 뒤, 나는 방으로 올라가 샤워를 했다. 고도가 높은 사니패스에서 선크림도 없이 복대를 찾으러 다닌 덕분에 살이 새까맣게 탔다. 물만 닿아도 쓰라리다. 어쩔 수 없다. 나는 고통을 인내하며 미지근한 물로 샤워를 하고 그동안 못했던 빨래도 했다. 모든 일들을 마치고 나니 시원한 남아공의 맥주가 마시고 싶어 다시 로비로 나갔다. 마침 보안요원이 보였다. "이 근처에 맥주 파는 곳이 있나요? 밤거리를 혼자 걸어도 안전한가요?" "응, 그러나 너무 으슥한 곳으로 가지는 마."

나는 직원의 말에 안심이 되어 어둠을 무릅쓰고 해변가로 내려갔다. 그런데 해변가 도로는 호텔 주변과 다르게 어둡고 음산하다. 길 모퉁이마다 무리들이 있다. 그중 한 모퉁이에서 흑인 여자들 무리를 지나가게 되었는데, 껌을 찍찍 씹는 흑인 여성이 나에게 휘파람을 불며 가까이 와 보라고 손짓을 한다. 너무 무서웠다. 잠시 눈을 마주쳤는데, 먹잇감을 바라보는 눈빛이기에 나는 자존심을 최대한 지키고 싶어 빠른 걸음으로 도망갔다.

하지만 정말 나는 이스트런던의 먹잇감이 된 것일까? 어둠속에서 누군가 다시 따라온다. 괜한 객기로 나왔다는 생각을 하며 발걸음을 재촉하는데, 갑자기 누군가 내 어깨를 손을 올린다. 어깨에 살짝 얹힌 것 같은데 그 무게가 엄청나 빠져나갈 수 없었다. 뒤를 돌아보니 호텔 보안요원이다. 보안요원은 늦은 밤 나 혼자 밖으로 보낸 것이 걱정되어 따라 나왔다고 한다. "준, 너 여자들 앞에서 도망친 것 다 봤다. 하하!" 보안요원은 웃고 있지만 나는 십년감수했다.

그렇게 익살스러운 보안요원과 함께 마트에 갔지만, 맥주를 판매하지 않아 아쉬운 마음을 뒤로하고 방으로 돌아와야 했다. 시계를 확인해 보니 늦은 시간이라 잠을 청하려는 찰나, 로비에서 전화가 왔다. "준, 나 보안요원이야. 너를 찾는 사람이 있어!" "이 늦은 시각에 나를 찾는 사람이 있다고?" 괜한 호기심에 로비로 나가니, 보안요원과 호텔 직원들이 같이 서 있다.

보안요원이 웃으면서 호텔 여직원을 소개해 준다. "준, 내 여동생이야." "응?" "사실 내 여동생을 소개해 주고 싶었어." 나는 갑작스러운 소개팅에 아무 말도 하지 못하고 가만히 서 있었다. 검은 피부에 새빨간 립스틱을 바른 호텔 여직원은 본인 이름을 무실이라고 소개하며 대뜸 아시아 사람을 좋아한다고 한다. 그래서 보안요원인 오빠에게 나를 소개해 달라고 한 것이었다.

나는 분위기에 이끌려 호텔 로비 소파에 앉아 그녀와 이야기를 나누게 되었다. 나이는 나보다 훨씬 어린 20살의 앳된 아가씨였는데, TV 프로그램을 통해 아시아 남자들의 다정함에 매력을 느꼈다고 한다. 무실은 나에게 적극적으로 질문을 하였다. "준, 한국에는

여자 친구 있어?", "학생이니?", "결혼은 언제쯤 하고 싶어?" 어느
새 무실의 말에는 진지함이 묻어난다. "너와 닮은 아이를 많이 낳
고 싶어." 빨간 입술에서 나온 'baby'라는 단어가 환청처럼 메아리
쳐 들린다.

"무실, 나는 한국에 사랑하는 부인과 아이들이 있어."라고 거짓말
을 둘러댄 뒤 서둘러 방으로 올라가는데, 무실이 자연스럽게 따라
온다. 너무 무서웠던 나는 무실에게 다음 날 같이 밥 먹자고 잘 타
이른 뒤 돌려보냈다. 그날 저녁, 나는 호텔 방문을 단단히 잠그고
밤이 깊어져서야 잠에 들 수 있었다.

 TV 매체를 맹신하지 말자.

[남아프리카 공화국-포트엘리자베스]

▼

# 백인과 흑인,
# 흑인과 백인

다음 날 아침, 포트엘리자베스에서 유명한 해변 킹스비치에 도착했다. 나는 한껏 들뜬 마음에 차 안에서 수영복으로 갈아입고 해변을 걸었다. 넓은 모래사장에서는 어린아이들이 카약과 바다수영을 배우고 있다. 그런데 문득 남아공에 와서 이상한 점이 느껴졌다. 고급 레포츠, 고급 차량, 고급 음식점, 호텔 등에서 대다수의 백인들이 부유함을 누리고 있었기 때문이다. 그에 반해 거리의 청소부, 택시 기사, 식당 종업원들은 대다수의 흑인이 차지하고 있었다. 돈이 부족해 거리에서 히치하이킹을 하는 사람들도 모두 흑인이었다. 해변에서도 마찬가지였다. 수영을 배우고 제트스키를 타며 부유함을 즐기는 것은 백인들이 대부분이었다.

남아공의 경제가 발전하게 된 것은 아이러니하게도 남아공에서 거주하던 흑인들이 아니라 유럽에서 이주한 백인들 때문이라고 한다. 종교적 탄압을 피해 이주해 온 백인들은 남아공에서 다이아몬드, 금과 같은 지하자원을 발견하며 경제를 발전시켰지만, 백인들이 흑인을 노예로 삼아 극심한 착취를 일삼고 인간 이하의 대우를 했던 것은 숨길 수 없는 사실이다.

또한 백인들은 순수혈통을 유지해야 한다는 명목 하에 극단적인 인종차별정책인 아파르트헤이트를 시행하며 인구의 80%를 차지하는 흑인들이 극심한 고통을 겪도록 만들었다. 수십 년간 지속된 인종 차별 법은 백인들이 가진 기득권을 고착시키기에는 충분한 시간이었다.

1994년 넬슨 만델라가 최초로 흑인대통령으로 당선되면서 인종차별적인 법률들은 폐지되었지만, 아직도 남아공 내에서는 백인과 흑인과의, 아니 가진 자와 못 가진 자의 차이가 선명하게 보였다. 무엇이 이들을 양분화 했을까? 과연 피부색으로만 나눠진 것일까?

 인간 위에 인간이 군림할 수 없다.

africa

PART. 4

# 꿈
# 그리고
# 희망

# 혼자서는 할 수 없는
# 몇 가지 중 하나

킹스비치 해변가는 모래가 고와 발바닥에 닿는 느낌이 부드럽다. 나는 간만에 땀을 내고 싶어 윗옷을 벗고 열심히 뛰었다. 1시간쯤 달렸을까? 땀이 비 오는 듯이 흐른다. 여행 중 운동을 하지 못하여 밀린 숙제를 힌꺼번에 마무리를 짓는 기분이다.

운동이 끝난 후, 나는 인적이 드문 해안가 끝으로 이동했다. 그리고 온몸으로 남아공의 태양을 느끼고 싶어 백사장에 앉아 선크림을 손바닥에 꾹 짜 몸 구석구석에 발랐다. 하지만 등을 혼자 바르기는 쉽지가 않다. "에라, 모르겠다!" 나는 모래사장에 그냥 누웠다. 뜨거운 햇살 아래 시원한 파도 소리는 나를 천국으로 안내해 준다.

천국에서 허락된 시작은 단 1시간, 잠에서 깨니 온몸이 화끈거린다. 애초에 선크림으로 남아공의 강렬한 태양을 막을 수는 없었다. 게다가 엎드려 자는 습관 때문에 자는 동안 남아공의 태양은 나의 등에 자외선 융단폭격을 감행했다. 게다가 몸에는 모래알갱이들과

하얀 백사장으로 유명한 포트엘리자베스의 킹스비치

선크림이 뒤섞여 모래인간이 탄생되어 있었다.

　나는 바닷물로 고운 모래를 털어 내고 화장실에서 거울을 봤더니, 등에 선크림을 바르려는 절박한 나의 손자국만이 남아 있었다. 손자국을 바라보니, 여행 중 외로움이 처음으로, 그것도 처절하게 다가왔다.

깨달음 외로움과 고독의 차이!

여행 중 사진을 찍어줄 사람이 없다는 것은 고독한 일이다

그래도 나에게는 꿈이 있다

[남아프리카 공화국-포트엘리자베스]

▼

# 나는 아빠가
# 아니에요

간단하게 끼니를 해결하기 위해 찾은 포트엘리자베스의 한 패스트푸드점. 나와 비슷한 생각들을 가진 사람들이 꽤 많아 긴 줄을 기다려야 했다. 기다리는 시간은 메뉴 결정 장애를 이겨 낼 수 있는 충분한 시간이다.

그런데 매장 안에서 울리는 미디엄템포의 신나는 팝송 사이에서 엄청난 울음소리가 들린다. 사람들이 모두 한곳을 쳐다본다. 바로 매장 한가운데에서 아이가 울고 있던 것이었다. 어! 아이가 동양인이다. 엄마를 잃은 듯하다. 아이의 울음소리가 커져도, 어쩐 일인지 아이 부모는 보이지 않는다. 이곳에서 아이의 부모일 것이라고 추측되는 가장 유력한 후보는 바로 나인 것 같다. 사람들이 나를 '무슨 저런 매정한 아빠가 다 있어!' 하는 눈빛으로 쏘아본다.

그때 한 흑인 아주머니는 줄을 서 있는 나를 울고 있는 아이 쪽으로 등 떠밀었다. 난감한 상황이다. 나는 졸지에 아이의 아빠가 되고

만 것이다. 아이에게 한국말을 건네니 울음소리가 더 커진다. 아무래도 낯선 사람이 다가오니 아이는 공포에 질린 것 같았다. 예상치도 못한 상황에 식은땀이 삐질삐질 난다. 그렇다고 아이를 매장 밖으로 데리고 나가기도 이상한 상황. 한마디로 나는 9회 말 1점 차로 이기고 있는 만루 상황에 마무리 투수로 강제 등판하게 된 것이다.

주위를 둘러보니 흑인과 백인이 사이에 인도인 가족이 보인다. 나는 가족에게 다가가 말을 걸었다. "당신이 아이의 엄마인가요?" 인도인 아주머니는 약간의 미소를 머금으며 고개를 살짝 끄덕인다. 아이를 데리고 아주머니에게 가니, 아주머니는 아이가 어리광을 자꾸 부려 혼을 내주고 있었다고 한다. 아이가 가족을 잃은 것이 아니라 천만다행이다.

아까 나를 등 떠밀었던 흑인 아주머니는 느긋하게 감자튀김을 먹으며 나를 바라보고 있었다. 나는 다시 긴 줄로 돌아갔지만, 결정했던 메뉴를 잊어버렸다.

 누군가에 떠밀려 베푼 친절은 친절이 아니다.

[남아프리카 공화국-포트엘리자베스]

▼

# 남아공 디저트의 제왕,
## KOEKSISTER

오늘은 딱히 어느 곳을 둘러봐야겠다는 생각을 하지 않았다. 이른 아침, 나는 무작정 포트엘리자베스를 떠나 여행의 종착지, 케이프타운으로 무작정 달렸다. 케이프타운으로 향하는 도로는 양쪽에 야생화로 뒤덮여 있어 매우 아름다운 도로이다. 남아공은 이제 막 연애를 시작하는 연인들과 같이 밀고 당기기를 잘한다. 여독이 쌓여 지쳐 아무것도 하기 싫어질 때쯤이면 그림 같은 풍경으로 나에게 힘을 북돋아 준다. 오늘이 바로 그런 날이다.

나는 마지막 차선으로 천천히 달리며 무념무상으로 운전을 했다. 아침을 먹지 않아 배가 고팠다. 인간의 1차원적인 욕구가 나를 힘들게 하여 휴게소에서 멈췄다. 그리고 편의점에서 오늘의 아침거리를 찾던 중 비닐 랩에 쌓인 미니 꽈배기가 눈에 띄었다. 손으로 눌러 보니 엄청 딱딱하다. 디저트의 종류라 아침거리로는 적절치 않지만, 나는 호기심에 이끌려 한 팩을 덜컥 구입했다.

KOEKSISTER는 지금까지 먹어본 디저트 중 으뜸이었다

　그리고 그 자리에서 비닐을 뜯고 꽈배기 모양의 도넛을 한입 넣었는데, 와우! 딱딱했던 겉모습과는 다르게 입안에서 부드럽게 녹는다. 맛 또한 적당히 달달한 맛으로 당 보충으로는 최고의 간식거리이다. 제과점 아주머니에게 도넛의 이름을 물어보니 'KOEKSISTER'라며 남아공의 자랑이라 하신다. 충분히 자랑할 만한 맛이다.

　KOEKSISTER은 밀가루 반죽을 튀겨서 차가운 시럽을 입혀 끈적끈적한 느낌의 달달한 꽈배기 모양의 도넛인데, 한국의 약과와 타

래과 중간 맛으로 한입에 쏙 들어오는 크기와 끝 맛에서 느껴지는 계피 향은 중독성이 강했다. 그리고 나는 여행이 끝나갈 때까지 하루에 한 번씩 KOEKSISTER를 챙겨 먹었다.

 프랑스에는 마카롱, 대한민국에는 한과, 남아공에는 KOEKSISTER!

[남아프리카 공화국–치치캄마 국립공원]

▼

# 기대하지 않은 곳에서 만나는
# 작은 반짝임

남아공의 어느 한 이름 모를 마을에서 우연히 1년째 여행 중인 미국인 부부와 이야기를 나눌 기회가 있었다. 나는 부부에게 여행 정보를 얻기 위해 지도를 통해 나의 여행 루트를 보여 주니, 그들은 동시에 손가락으로 한곳을 가리킨다. "여기가 어딘가요?" "치치캄마!" 부부는 남아공 여행 중 치치캄마 국립공원이 가장 좋았다고 한다. "준, 치치캄마 국립공원은 대중교통편이 거의 없어서 가난한 배낭여행자들에게는 접근성이 불편해. 하지만 너는 자동차가 있으니 꼭 한번 가 봐."

부부의 이야기를 듣고 지도를 통해 경로를 검색해 보니 내가 위치한 곳에서 꽤 가깝다. "그래, 오늘은 이곳이다!" 나는 국립공원 입장 전 인포메이션 센터에서 치치캄마에 대하여 알아보았다. 치치캄마 국립공원은 1964년 아프리카 최초로 국립해안공원으로 지정되었으며, 캠핑장을 비롯해 숲이 울창한 트레킹코스와 다양한

인도양의 성난 파도는 치치캄마 국립공원을 소금물로 적셔 주었다

레저스포츠들을 즐길 수 있어 현지인들에게 인기 있는 휴양지다.

국립공원에서 들어서 포장도로를 5분 정도 달리니, 시야가 확 트인 바다가 나온다. 해안도로 옆에는 긴 벤치가 있어 바다를 감상하기 안성맞춤이다. 나는 길모퉁이에 주차를 하고 벤치에 앉아 바다를 넋 놓고 바라보았다. 인도양의 거대한 파도는 바닷물을 투명한 유리알처럼 잘게 부수어 허공에 뿌린다. 어쩌면 마다가스카르가 아프리카 대륙에서 떨어져 나간 이유도 대륙이동설이 아닌 저 63빌딩만 한 파도 때문일 수도 있겠다는 생각이 든다. 벤치에 앉아 본의 아니게 소금물 샤워를 하게 되었지만, 공기가 맑아서 그런지 마냥 행복하다.

다음은 무엇을 할까 고민을 하던 찰나, 카약을 즐기는 사람들이 보인다. 치치캄마 국립공원에는 검은색 물이 흘러내리는 스톰스 강을 따라 내륙의 협곡으로 카약을 타고 들어가며 자연을 즐기는 투어가 있다. 카약을 한 번도 타 본 적이 없는 나는 그냥 지나칠 수가 없어 카약투어를 신청하러 갔다. 투어는 하루에 시간별로 6번 있는데, 마침 출발 시간이 딱 맞았다.

투어를 기다리는 서양인 부부를 포함해서 우리 셋은 가이드를 따라 협곡 안 카약을 타는 곳으로 들어갔다. 협곡 50m 앞 스톰스 강을 가로지르는 흔들다리 밖으로 거친 파도들이 해안가로 나오지 말라며 경고를 하고 있었다. 우리는 카약을 타고 바다 반대편 협곡으로 노를 저어 가며 천천히 들어갔다. 협곡 안으로 들어갈수록 울창한 숲이 햇빛을 가로막아 시원한 그늘을 만들어 준다.

우리가 거슬러 올라가는 이곳은 '스톰스 강'이라고 불리는데, 산에서부터 흘러 내려오는 강줄기는 바다로까지 이어져 있다. 그때 각종 나무뿌리와 초목들이 섞여 내려와 물이 검다. 콜라보다 진한 물위에서 울창한 밀림 사이로 스며드는 햇살을 맞이하고 있으니, 마치 우주에 떠 있는 기분이다. 협곡 사이에는 치치카마 국립공원이 겪어 온 세월의 흔적들이 지층으로 보여 준다. 그리고 그 지층 옆에는 거대한 동굴이 있다. 검은 강물 위에 검은 동굴로 카약을 타고 들어가니, 숨소리마저 메아리로 울릴 듯 고요하다. 나는 이곳을 세상에서 가장 몽환적인 곳이라고 정했다.

스톰스 강물은 커피처럼 진했다

　다시 우리는 열심히 노를 저어 강의 중간 지점에 도착해 커다란 바위에 카약을 올려놓았다. 강 상류로 올라갈수록 길이 좁고 암초가 많아 고무튜브로 갈아탔다. 나는 튜브에 누워 손으로 헤엄쳤다. 물살이 잔잔하여 앞으로 전진하는 데 큰 어려움이 없었다. 강 하류와는 다르게 물의 색깔은 진한 콜라 색에서 얼음을 듬뿍 넣은 듯한 옅은 아메리카노 색으로 변해 간다. 참 먹음직스러운 색이다.

　무더운 날씨에 땀을 흘리니 갈증이 나던 참이라, 나는 튜브에서 목을 길게 빼어 한 마리의 거북이처럼 강물을 마셨다. 상류 쪽이라

짠물을 아니지만 입안에서 느껴지는 흙 맛은 한국에서 간간히 먹었던 칡즙과 유사했다. 위생상 문제가 될 수 있겠지만, 갈증 해소를 위해 스톰스 강이 만들어 준 칡즙을 열심히 마셨다. 우리는 그렇게 치치캄마의 자연을 온몸으로 느끼며 투어를 마쳤다.

투어를 마치고 돌아오는 길, 오후 2시이다. 무엇인가 하기에 부족한시간이지만 국립공원을 나가기에도 이른 시간이었다. 치치캄마 지도를 펼쳐 보니 근처에 water fall 트레킹 코스가 있다. 공원 안내원에게 소요 시간을 물어보니, 왕복 2시간이면 충분하다고 한다.

국립공원 폐장 시간은 오후 7시라 시간은 부족하지 않았다. 나는 운동화를 고쳐 신고 트레킹 코스로 향했다.

water fall 트레킹 코스에는 해안가를 따라 만들어진 울창한 숲길이 엄청난 풍경을 자랑한다. 산과 바다의 아름다움을 동시에 느낄 수 있어 너무 신이 났다. 주위에는 아무도 없다. 도시에서는 즐길 수 없는 적막함의 매력이다. 스와질란드에서 원시인이 되었으니, 오늘은 타잔이 되어야겠다. 나는 핸드폰으로 정글과 걸맞는 배경음악을 틀고 혼자서 신나게 달렸다. 나무 장애물이 나오면 검은 표범처럼 능숙하게 뛰어넘었다.

아프리카 여행을 시작하면서 한 달간 철저히 혼자만의 여행이었다. 덕분에 나는 혼자서도 잘 놀 수 있는 방법을 터득하게 되었다. 혼자만의 타잔놀이가 지칠 때쯤 뭔가 잘못되었다는 생각이 머릿속을 스쳐 지나간다. 예상 소요 시간이 1시간이 지나도록 폭포는 나오지 않는다. 폭포가 근처에 있다면 폭포의 함성이 들려야 할 텐데, 뭔가 잘못된 것 같다. 돌이켜 보니 트레킹코스 안내판을 확인하지 않은 채 흥에 겨워 무작정 뛰어올라온 것이다. 다시 내려가야만 한다.

너무 흥에 돋아 있던 것일까? 체력이 고갈되었다. 발바닥은 아프고 내리막길을 걸을 때마다 허벅지는 후들후들 떨려 온다. 무엇보다 폭포를 못 본 것에 대한 좌절감이 밀려온다. 나는 그렇게 반성의 시간을 가지며 내려갔다. 그런데 트레킹 코스 중간 부분에 갈림길이 나온다. 맞다! 이곳에서 갈림길을 잘못 들어선 것이다. 시계를 확인해 보니 5시다. 폐장까지 2시간이 남은 상황, 폭포까지는 적어도 왕복 2시간이 소요되기 때문에 불가능하다. 설령 2시간 안에 도

착한다고 해도 차를 타고 국립공원을 빠져나가려면 적어도 20분 정도가 소요된다. 나는 갈림길에서 한참을 고민하다 다시 타잔이 되기로 결심했다. 뛰어가면 1시간 30분 안으로 도착할 수 있을 것 같다. 나는 무거운 몸을 이끌고 타잔이 되어 트레킹 코스의 종착지인 폭포로 달려갔다. water fall 트레킹 코스는 울창한 산으로 들어가는 것이 아니라 해안가 옆으로 생긴 산길을 따라가면 된다.

　어느새 해가 뉘엿뉘엿 기울고 있다. 황금빛으로 빛나는 바다에는 파도가 몰아친다. 파도는 워낙 거세 바닷가를 새하얀 거품 나라로 만

들어 준다. 남아공 산새들의 지저귀는 소리는 사랑하는 사람이 노래를 불러 주는 듯 감미롭게 들려온다. 숨 가쁘게 뛰고 있는 나의 심장을 제외하면 주위는 온통 평온하다. 산길을 지나 거친 바위가 굴러다니는 해안가 코스로 내려갔다. 반대편에서 서양인 부부가 걸어온다. "폭포까지 얼마나 남았나요?" "거의 다 왔어요." 힘이 난다. 나는 더욱 열심히 달렸다. 10분쯤 달렸을까, 우리 집 샤워기처럼 졸졸졸 물 떨어지는 소리가 들린다. "에이, 설마." 발걸음을 멈췄다. 드디어 내가 찾던 폭포다. 그러나 한동안 비가 내리 않아 메말랐는지 폭포는 간신히 눈물을 흘리며 감정 표현을 하고 있었다. 힘들게 찾아온 폭포에 보상심리가 작용했던 걸까? 아니면 웅장한 빅토리아 폭포를 보았던 나의 기대치가 너무 높았던 것일까? 실망감이 밀려왔다.

"내가 이거 보려고 4시간 가까이 달려온 거야?" 저 멀리 수평선에서는 태양과 바다의 줄다리기 싸움 중인데, 바다의 힘이 더욱 강했는지 태양이 수면 밑으로 떨어지려 한다. 이제는 돌아가야 한다. 나는 아쉬운 마음을 털어 내고 터벅터벅 걸었다. 흙길에는 노란색 나비가 이리저리 춤을 추며 돌아가는 길을 안내해 준다. 처음 보는 야생화는 알록달록, 색이 참 곱다. 산길 모퉁이에는 야생 알로에가 자생한다. 하루 종일 햇빛을 받아 까맣게 그을린 피부에 알로에를 잘라 팔뚝에 바르니 제법 시원하다.

뛰어와서 놓쳤던 풍경들이 이제야 하나씩 눈에 들어온다. 나는 뒤늦게 깨달았다. 지금까지 아름다운 산책길을 걷고 있었었지만, 폭포를 봐야 한다는 일념 하에 이토록 아름다운 과정을 모두 놓치고

WATER FALL 트레킹코스의 초라했던 폭포

245

있던 것이다. 우리의 삶도 목표를 위해 앞만 보고 달리지만, 어쩌면 동시에 아름다운 삶의 조각들을 모두 잃어버리고 있는 것은 아닐까? 수많은 경쟁 속에서 살아가는 우리지만 가끔은 흘러가는 과정도 소중하게 여길 줄 아는 사람이 되어야겠다.

 <u>결과 끝에는 또 다른 과정이!</u>

# 코끼리 귀를
# 만져 봤니?

남아공 최고의 드라이브 코스인 가든루트는 항구도시 포트엘리자베스에서 모셀베이까지 이르는 도로를 일컫는데, 남부해변을 따라 펼쳐진 도로 양옆에는 드넓은 초원과 아름다운 해변이 자리 잡고 있다. 나는 남아공을 떠나고 싶지 않은 심정을 반영하여 아주 천천히 가든루트를 달렸다. 풍경이 너무 아름답다. 가든루트는 모든 곳이 훌륭한 경치를 자랑하기 때문에 경유지나 목적지 따위는 정하지 않았다.

그런데 도로 위 코끼리공원 표지판이 보인다. 표지판에 걸려 있는 아기 코끼리 사진이 나의 호기심을 자극했다. 나는 갑작스럽게 핸들을 틀어 코끼리 공원으로 향했다. "그냥 가 보는 거야!" 이른 아침이라 그런지 공원으로 향하는 차량이 없다. 한적한 공원에 들어서니, 공원 직원들이 개장 준비를 하고 있다.

공원의 안내책자에는 코끼리에게 과일 주기, 코끼리 타기 등 여러 가지 체험 활동이 있었는데, 코끼리를 타는 것은 거부감이 들어 과일 주기 체험을 신청했다. 운이 좋게 공원에 여행객은 나 혼자였다. 나는 사육사에게 건네받은 과일 바구니를 들고 코끼리가 평화롭게 풀을 뜯어 먹고 있는 공원으로 향했다. 사랑스러운 아기 코끼리에게 과일을 먹여 줄 생각을 하니 날아갈 듯한 기분이다.

트랙터를 타고 도착한 넓은 초원에는 코끼리가 풀을 뜯어 먹고 있다. 우리가 내리니, 코끼리는 먹이를 주러 온 것을 눈치 챘는지 성큼성큼 걸어온다. 내가 생각했던 아기 코끼리는 아니고 청년 코끼리인데, 너무 사랑스럽다. 풀을 뜯어 먹는 모습은 한없이 선하고 귀엽다. 나는 용기를 내어 코끼리에 다가갔다. 그리고 반쪽으로 쪼개진 사과를 손 위에 올렸더니, 코끼리는 내가 겁먹은 것을 아는지 천천히 다가와 코를 내민다.

코끼리가 손 위에 있는 사과를 집을 때 나의 손까지 휘말아 집으면 어쩔까 걱정됐다. '과연 코끼리는 손 위에 있는 작은 사과만 집을 수 있을까?' 하지만 걱정과는 다르게 코끼리는 코끝을 미세하게 움츠려 손 위에 있는 사과를 집어 입안으로 넣고 아삭아삭 씹는다. 코끝을 자세히 보니 씰룩씰룩한다. 아, 이렇게 귀여울 수가! 식욕이 좋은 코끼리 덕분에 과일상자는 금방 동이 나버렸다. 코끼리에게는 간에 기별도 안 갔을 것 같은 생각에 아쉽다.

코끼리는 과일이 떨어진 것을 알고 풀을 뜯으러 초원으로 걸어간다. 나도 같이 걸었다. 그리고 풀 뜯어 먹는 모습을 자세히 관찰했다. 코끼리는 들판의 잔디들을 발로 긁어내어 흙을 털고 코를 이용해 잔디뿌리만 입안으로 넣는데, 오물조물 풀을 씹는 모습이 사랑

넓은 초원에서 자유롭게 풀을 뜯어 먹는 모습이 아름다웠던 코끼리 형제

스럽다. '맞다, 버킷리스트!' 문득 나의 버킷리스트가 생각났다 . 바로 '31번 코끼리 귀 만져 보기'이다. 이곳에서는 실현 가능할 것 같은 생각에 사육사에게 여쭤 보니, 안전하다고 한다.

나는 식사 시간에 방해되지 않게 코끼리에게 천천히 다가갔다. 힘차게 펄럭이고 있는 코끼리 귀에서는 선풍기 강풍모드의 바람이 나온다. 저 귀로 따귀를 맞는다고 상상을 해 보니, 생각만으로도 끔찍하다. 막상 커다란 몸집의 코끼리 옆으로 가니 심장이 두근두근한다. 옆에 있던 사육사분들은 겁먹은 내가 재밌는지 한참을 웃고

버킷리스트 31번 코끼리 귀 만져 보기 성공

계신다. '그래, 아까 사과와 바나나를 주었으니 때리진 않겠지?' 나는 천천히 손을 내밀어 귀를 만졌다.

코끼리는 펄럭이던 귀를 멈추고 곁눈질로 나를 쳐다본다. 그리고 눈빛으로 이야기한다. "왜 만져!" 하지만 아무렇지 않은 듯 다시 풀 뜯기를 시작한다. 코끼리는 나에게는 큰 관심이 없는 것 같다. 나는 코끼리를 한참 쓰다듬어 주었다. 생각보다 거친 피부였지만, 코끼리의 매력에 푹 빠진 나에게는 걸림돌이 아니었다.

이제는 우리가 헤어져야 할 시간. 무심하게도 코끼리는 작별 인사 없이 넓은 초원으로 발걸음을 옮긴다. "코끼리야, 행복해! 아프지 말고!" 나는 사육사분과 함께 트랙터를 타고 공원 입구로 나갔다. 그런데 한적했던 공원 입구는 아까와는 다르게 수많은 인파로 북적거린다. 바로 중국인 관광객들이다. 사람들은 저마다 과일바구니를 들고 있다. '야호! 오늘 코끼리들은 과일파티 할 수 있겠군.'

 코끼리 아저씨는 코가 맥가이버 칼!

[남아프리카 공화국-나이스나]

▼

# 최고의 굴 요리를
# 찾아라

코끼리 공원을 떠나 다시 가든루트를 달렸다. 시계바늘이 1시를 가리킨다. 배가 매우 고파 가든루트 중간에 위치한 소도시에서 끼니를 해결해야겠다. 한참을 달리니 이정표에는 'KNYSNA 10㎞'라고 적혀있다. KNYSNA는 바다와 연결되어 있는 석호를 주변으로 형성된 도시이며, 남아공 최대 굴 생산지이다.

KNYSNA에서는 매년 6월 말 약 10일 동안 굴 축제를 개최하는데, 해마다 20만 명의 관광객이 찾아올 만큼 인기 있는 곳이다. 통영에서 살아가고 굴을 사랑하는 나로서 남아공의 통영을 그냥 지나칠 수가 없었다. 마침 계속되는 기름진 음식에 지쳐 있었다. 나는 한시라도 빨리 굴을 먹고 싶은 마음에 가속페달을 힘껏 밟았다.

도시에 대한 정보가 없던 나는 길거리에 주차하고 지나가는 마을 주민들에게 표본 조사를 시작했다. "KNYSNA에서 맛있는 굴 요리를 맛볼 수 있는 곳을 추천해 주세요." KNYSNA 주민들은 여러 곳

맛과 향이 좋았던 KNYSNA의 굴. 아쉬운 점이 있다면 양이 적었다

의 레스토랑을 추천해 주셨다. 나는 그중 추천수가 가장 많은 곳으로 향했다. 레스토랑은 석호와 바다가 만나는 끝 지점에 위치하고 있어 훌륭한 경치를 자랑한다. 한적한 레스토랑에 도착하여 주차를 하고 주위 바다를 둘러보니, 우리 집 앞바다와 똑같다. 해안가를 배경으로 조성된 공원 또한 통영에 있는 이순신 공원이랑 흡사했다. 갑자기 집 생각이 간절했다. 배고픔을 더는 견딜 수 없어 식당으로 들어가 메뉴판을 보니, 생굴 6개에 1만 5천 원 돈이다. 매우 비싸다. 하지만 나는 통영을 느끼고 싶어 과감히 1만 5천 원을 투자하였

우리 집 앞바다와 비슷했던 KNYSNA의 해안가로 인해 집 생각이 간절하게 났다

다. 얼마 뒤, 얼음이 채워진 접시에 생굴은 싱싱한 모습으로 나왔다. 시원하게 보관된 생굴 한가운데 놓인 레몬을 꽉 눌러 굴에다 뿌리고 한입 넣었다. 항상 기름기 가득했던 나의 입안에는 어느새 인도양이 한꺼번에 들어와 거친 파도를 일으킨다.

생굴은 약간 비릿한 맛이 있어 거부감을 갖고 계시는 분들이 있는데, 나는 이 바다 비린내가 참 좋다. 나는 아마 전생에 굴을 즐겨 먹던 바다갈매기였나 보다. 아쉬운 점이 한 가지 있다면, 나의 입맛은 전형적인 한국인이라 초장 생각이 간절했다는 점이다. 초장만 있으면 모든 바다생물은 맛있게 먹을 수 있을 것 같다. 그리고 생굴 6조 각은 나의 허기를 달래기에는 턱없이 부족했다. 어쩔 수 없이 느끼 한 시금치 파스타를 주문했다.

그리고 깨달았다. 세계 최고의 굴은 바로 통영 굴이다!

 <u>초장의 위대함!</u>

# 모셀베이에서의
# 예상치 못한 하루

가든루트의 첫 도시는 모셀베이다. 16만 4천 년 전 사람들이 살았다는 것이 밝혀진 모셀베이는 희망봉을 발견한 포르투갈 탐험가 바르톨로뮤 디아스가 1488년 2월 3일에 처음 상륙한 것으로도 유명한 도시다. '모셀(mossel)'은 녹일계 언어인데 영어로는 'mussel', 즉 '홍합'을 뜻한다. 1601년 네덜란드계 항해사가 이름을 붙였다는 이 도시는 홍합으로 유명해진 도시인데, 17~18세기 유럽으로 많은 양을 수출했었다고 한다.

나는 커피 한 잔 마시러 들른 이곳의 풍경에 반해 오늘 하루 머물고 싶다는 생각이 들었다. 모셀베이에는 언덕이 많아 도로 곳곳에서 바다 풍경이 펼쳐진다. 이곳에서 묵으려면 숙소부터 결정해야 하는데, 모셀베이 대한 정보가 없었다. 하지만 남아공에서는 도로 표지판에 숙박시설에 대한 안내가 잘되어 있어 걱정은 필요 없었다.

나는 한참을 돌아다니다가 눈에 띄는 안내표지를 봤다. 바로

나도 모르게 주인의식이 생기던 숙소 "PARK HOUSE"

"park house"다. 안내표지를 따라 숙소에 들어서니 젊은 남성이 나를 반긴다. 주인은 나의 여권의 이름을 확인하고 "미스터 박, 이 집은 너의 집이야."라며 농담을 한다. 숙소는 상당히 고풍스러운 느낌에다가 깔끔하여 지금까지 묵었던 호스텔 중 단연 으뜸이었다.

나는 방에서 짐을 풀고 호스텔 주인에게 경치가 멋진 곳을 추천해 달라고 했다. 그러자 주인은 오래된 지도를 펼쳐들고 손가락으로 한곳을 가리킨다. "이곳은 세인트 블라이저 곶인데, 해안 절벽 따라 있는 트레킹 코스가 아주 멋질 거야." 지도상으로 확인해 보니

우연한 계기로 들리게 된 모셀베이

그래도 나에게는 꿈이 있다

259

너무나 행복했던 모셀베이에서의 하루

숙소에서 멀지 않는 곳에 있다. 나는 최대한 간편한 옷차림으로 세
인트 블라이저 곶으로 향했다.

　운전을 하며 목적지로 가는 중간, 건물들 사이사이에 파란 바다
가 드넓게 펼쳐져 있다. 부푼 기대를 안고 세인트 블라이저 곶에 도
착 후 트레킹 코스로 올라갔다. 트레킹 코스 입구에는 케이프 블레
이즈 등대가 있으며, 그 아래에는 Cape Blaize Cave이 존재하는데
이곳에서 20만 년 전 패총이 나와 고고학 발굴지로서의 가치가 상
당히 높다고 한다.

　동굴을 지나 조금만 걷다 보면 해안 절벽을 따라 길이 13㎞의 트레킹 코스가 나오는데, 지면이 부드러운 모래여서 트레킹화가 아닌 구두를 신고 와도 푹신푹신 할 것 같다. 그리고 치치캄마 트레킹 코스와 비교하여 절벽의 위치가 높아 드넓은 인도양의 풍경을 감상하기에는 안성맞춤이었다. 무엇보다 인적이 드물어 온전히 나만의 시간을 가질 수 있어 행복했다. 곶으로 불어오는 산들바람이 더위를 날려 준다. 이렇게 아름다운 길이 13㎞나 뻗어 있다니, 만약 이곳에서 살게 된다면 매일매일 이곳을 거닐고 싶다.

트레킹코스 오른편에는 키 작은 야생화들이 자라고 있어 온통 초록색 물결이다. 왼편에는 수평선이 보이는 넓은 대양과 하얀색 포말들이 조화를 이루고 있다. 이 적막함 속에 파도가 바위에 노크하는 소리가 도시 소음에 찌들어 있는 나의 고막을 편안하게 해 준다. 나는 바다가 한눈에 들어오는 곳에 자리를 잡고 눈을 감았다. 마음이 편안했는지 돌들이 굴러다니는 거친 바닥에서 제법 깊은 잠에 빠져들었다. 여행 중 우연히 발견한 절경은 잊고 살았던 책갈피 속 비상금을 발견했을 때와 같이 나에게 기쁨으로 다가와 주었다.

 깨달음 뜻밖의 발견은 즐거움을 배로 늘려 준다.

▼

# 바닷가 앞 그림 같은 집은
# 얼마인가요?

아침 햇살이 눈부시게 비춰 오는 park house의 넓은 잔디마당에서 갓 구운 토스트와 상큼한 딸기잼으로 아침 식사를 했다. "오늘은 어디로 가 볼까?" 핸드폰으로 지도를 확인해 보다가 놀라운 점을 발견했다. 나는 지금껏 케이프타운을 아프리카의 끝이라 생각해 왔는데, 핸드폰 지도를 확대해 보니 아프리카 대륙 끝에는 '아굴라스 곶'이라는 지명이 나온다. 숙소 주인에게 물어보니, 아프리카 대륙의 끝은 케이프타운이 아닌 아굴라스 곶이라며 꼭 한번 가 보라고 한다. 좋아, 오늘은 이곳으로 결정!

나는 짐을 챙겨 숙소 주인과 작별 인사를 하고 출발했다. 아굴라스 곶으로 향하는 R319 국도는 지금껏 달려 왔던 도로와는 사뭇 다른 풍경을 자아낸다. 저 멀리 펼쳐진 하늘과 바다가 맞닿는 경계선을 구분할 수 없는 것이, 현실세계와 어울리지 않는 몽환적인 풍경이 펼쳐진다. 하늘에 걸려 있는 구름들은 어린 시절 그린 뭉게구름

▲ 따듯한 햇살과 새들의 노랫소리가 아름다웠던 PARK HOUSE
▼ 하늘과 바다가 맞닿은 듯한 아굴라스 곶으로 향하는 길

그래도 나에게는 꿈이 있다

그림과 닮아 있다. 이렇게 신비하고 아름다운 도로를 혼자 달리고 있으니 너무 아쉽다. 이 풍경을 그대로 저장만 할 수 있다면 많은 사람들에게 보여 주고 싶을 정도다.

아름다운 풍경에 취한 탓에 도착예정 3시간이나 늦게 아프리카의 최남단 아굴라스 곶에 도착했다. 나는 차에서 내려 자갈길을 천천히 걸어갔다. 과연 아프리카 최남단에는 무엇이 있을까? 커다란 전망대가 있을까? 아니면 큰 기념비가 있을까? 가끔 정보 없이 찾아온 여행지는 설렘을 2배로 만들어 준다. 해안가에 도착하니 비록 크고 웅장하지는 않지만 아프리카 최남단 표시와 함께 인도양과 대서양의 경계를 구분해 주는 작은 비석 하나가 외로이 서 있다. 대륙의 끝이 세상의 끝이라는 상징적인 의미 같아서 마음이 싱숭생숭했다.

나는 해안가를 따라 천천히 걸었다. 그리고 얼마 뒤 바다 앞에 그림 같은 집들이 보인다. 해변에는 모래가 아닌 잔디밭이 깔려 있어 마당이 따로 필요해 보이지 않는다. 집들은 모두 바다를 바라보고 있는데, 이곳에서 바다는 남쪽이라 채광도 좋고 경치도 매우 아름다웠다. 활짝 열린 2층 집 창문 사이에서 아이들의 웃음소리가 들려온다. 내가 꿈꿔 오던 순백색의 집들이었다. 나는 아름다운 주택에 반하여 여행의 감성이 아닌, 정말 이곳에서 살고 싶은 마음에 현실적인 생각이 들었다. '저런 집들은 얼마나 할까?'

나는 근처 식당에 들어가 음식을 주문하고 마을 주민과 이야기를 나눴다. 대다수의 주민들은 백인으로 이루어져 있는데, 젊은 시절은 요하네스버그에서 돈을 벌고 은퇴 후는 남쪽으로 내려와 자연을 즐기며 살고 계신다고 한다. 나는 집값이 너무 궁금했다. "아주머

▲ 아프리카 대륙 끝에는 인도양과 대서양의 경계를 표시해주는 비석이 존재한다
▼ 아프리카 대륙의 끝을 가리켜주는 작은 표지판

그래도 나에게는 꿈이 있다

아굴라스 곶에는 바닷가 전망을 가진 아름다운 주택들이 즐비하다

니, 이토록 아름다운 집들은 얼마나 하나요?” 식사 중이던 아주머
니가 가방에서 전단지 하나를 건네신다. 우리나라 생활정보지와 같
은 팸플릿인데, 많은 집들이 매물로 나와 있다.

가격을 계산해 보니 우리나라 돈으로 9,000만 원 정도이다. 대저
택 같은 경우도 2억 원 안팎이다. 생각보다 저렴했다. 마을 아주머
니에게 집값이 저렴한 이유를 물어보니, 첫 번째 이유로 땅값이 저
렴하고 두 번째 이유는 건축에 필요한 원자재를 자국 내에서 생산이
가능하다는 것이다. 그리고 마지막 이유는 임금이 저렴하기 때문에

생각보다 저렴했던 아굴라스 곳에 전원주택들

주택 값이 저렴하다고 하신다. 한국과 액수만 절대적으로 비교해서
는 집값이 저렴했다. 나도 은퇴 후에는 이런 평화로운 곳에서 지내
고 싶었다.

 <u>아프리카 최남단은 아굴라스 곳!</u>

# 여행이
# 저물어 갑니다

아굴라스 곶에서 케이프타운까지는 200㎞정도로 멀지 않는 거리이다. 지금이 오후 2시이니 해가 저물기 전에는 여행의 종착지 케이프타운에 도착할 수 있을 것 같다. 나는 차에 올라 시동을 걸고 열심히 달렸다. 그 결과, 날이 저물기 전 케이프타운에 입성하게 되었다. 오늘은 어디서 묵어야 할까? 인터넷으로 케이프타운의 숙소를 검색해 보니, 케이프타운 유흥의 중심인 롱스트리트 거리에 수많은 백팩커스가 있다고 나와 있어 그쪽으로 향했다. 케이프타운은 남아공 여타 도시보다 치안이 안전하다고 하여 마음이 조금 놓인다.

롱스트리트에 도착하여 거리에 주차를 했다. 운전을 오래하여 피곤하다. 그래서 오늘의 숙소 결정의 테마는 숙소 규모와 금액과 관계없이 가장 먼저 눈에 띄는 곳으로 결정하기로 마음먹었다. '과연 어떤 숙소가 제일먼저 나타날까?' 주차된 곳에서 10발자국 옮기니 눈앞에 바로 holyday 백팩커스가 보인다. 오늘은 내심 케이프타운

입성을 자축하기 위해 주머니를 탈탈 털어 고급스러운 숙소를 기대했지만, 나의 운명은 이곳인 것 같다.

계단을 통해 숙소 입구로 올라가니 흑인 직원이 나를 보고 인사한다. "안녕하세요." "어! 안녕하세요." 직원이 한국어로 인사한 것도 신기하지만, 내가 한국 사람인 것을 어떻게 알았는지 놀라울 따름이다. 체크인을 위해 여권을 보여 주니 흑인 직원은 웃으면서 뒤를 돌아보라고 한다. 고개를 돌려보니 한국인 남자 직원이 인사를 한다. 이곳은 한국인이 운영하는 게스트하우스였던 것이다.

와우! 한 달 만에 같은 동포를 만나다니……. 게다가 직원분의 고향이 나의 직장이 있는 거제도이다. 나는 뜻밖의 인연에 신이 났다. 그리고 대뜸 직원분에게 라면을 구할 수 있냐고 물어보니, 근처 마트에서 한국 라면을 판다고 한다. 나는 당장 최소한의 현금만 챙겨 근처 마트로 갔다. 마트 식품코너에는 정말 한국 라면이 있었다. "드디어 캡사이신의 향기를 맡을 수 있다니!" 라면 하나로 나의 입꼬리는 귀에 걸려 버렸다.

숙소에 돌아오니 직원분이 전기밥솥에 있는 쌀밥과 함께 김치를 주신다. 이게 얼마만인가? 라면을 끓여 밥을 말아 김치와 같이 먹으니 쌓여 있던 여독은 눈 녹듯이 사라지고 엔도르핀이 마구 샘솟는다. 라면 하나에 내가 한국 사람이라는 것을 깨닫는 순간이다.

저녁 식사를 마치고 직원분에게 저녁시간에 구경할 곳을 추천해 달고 하니, 남아공의 야경을 한눈에 볼 수 있는 시그널 힐을 강력 추천한다. 주 남아공 한국대사관 홈페이지에서는 시그널 힐은 야경 명소이기도 하지만 강도 사건이 빈번히 발생해 한국인 여행객에게

아프리카 여행 중 발견한 한국라면은 가뭄의 단비와 같은 존재였다

안전을 당부하던 글귀가 생각이 난다. 나는 잠시 망설였지만, 여행
막바지에 강도가 뭐가 두려우랴! 여권만 잃어버리지 않으면 된다는
생각에 용기를 내어 시그널 힐로 향했다.

시그널 힐은 케이프타운 중간에 우뚝 솟은 언덕인데, 대서양의
저녁놀과 케이프타운의 야경을 동시에 볼 수 있는 최고의 명소이
다. 하지만 그만큼 으슥하기도 하다. 대부분의 여행객들은 시티투
어버스나 택시를 대절하여 올라와 시간의 제약을 받게 되지만, 나
는 그럴 필요가 없었다. 새삼스럽게 4,000㎞를 별 탈 없이 달려준

시그널 힐의 실루엣

흰둥이에게 고마움을 느꼈다.

시그널 힐 정상에 도착하니, 하늘에 약간의 붉은빛이 남아 있다. 넓은 대양으로 떨어지는 태양은 최후의 힘을 쏟아 구름을 주황빛으로 물들여 준다. 그리고 가로등은 태양을 대신하여 미약한 불빛으로 도시를 비추기 시작한다. 날이 점점 어두워질수록 도시의 야경의 더욱 밝아진다. 시그널 힐은 가로등이 없고 높이가 불과 350m밖에 되지 않아 케이프타운의 야경을 감상하기에 안성맞춤이었다.

나는 갓길에 차를 멈춰 세우고 도시를 가만히 바라보았다. 도시에는 수많은 인공 별빛들이 반짝거린다. 케이프타운은 대부분 백열전구를 사용하여 '골드 파우더'라는 별명을 갖게 되었다. 비록 눈길을 잡아끄는 현란한 불빛은 없지만, 아프리카에서 처음 만난 소박한 야경은 그 어떤 인위적인 야경보다 로맨틱하고 진정성이 가득했다.

 케이프타운은 아프리카의 유럽!

금빛 파우더라는 별칭과 걸 맞는 케이프타운의 금빛 야경

그래도 나에게는 꿈이 있다

275

[남아프리카 공화국-시몬스 타운]

▼

# 펭귄과 수영을
# 해 본 적이 있나요?

오늘은 희망봉으로 향하는 날. 나는 설레는 맘을 붙잡고 아침 일찍 운전대를 잡았다. 그런데 문득 모잠비크에서 한 여행객이 희망봉 근처 볼더스 비치에서는 아프리카에서 서식하는 야생펭귄을 볼 수 있다고 말해 준 것이 생각났다. 나는 내비게이션에 '볼더스 비치'를 설정하고 출발했다. 희망봉으로 향하는 M4 국도는 인도양이 탁 트 인 멋진 경치를 자랑한다. 그렇게 1시간쯤을 달려 볼더스 비치에 도착했다.

공원 입장 전, 배가 출출하여 근처 식당을 가 닭고기샐러드를 주문하고 기다리고 있는데, 옆 테이블에 혼자 앉아서 식사 중인 동양인 여성분이 나에게 다가온다. "곤니치와 니혼진 데스까?" 그 여성은 내가 일본인인 줄 착각한 것 같다. 나는 짧은 일본어 실력으로 "한국인이에요."라고 대답하니 미소를 짓는다. 그렇게 우리는 통성명을 하고 이야기를 나누다가 친해졌다. 나는 볼더스 비치에 가서 펭귄을 볼 것이라 말하니 미아코는 "볼더스 비치공원은 펭귄의 보호을 위해 접근을 차단했어요. 하지만 그 옆 해변을 가면 펭귄을 보다 가까이 만날 수 있어요."라며 조언을 해 준다.

나는 미아코의 말에 따라 볼더스 비치가 아닌 볼더스 비치 옆에 위치한 이름 모를 해변으로 향했다. 해는 중천에 떠 있어 날씨가 매우 덥다. 사람들은 해변에서 일광욕을 즐기고 있다. 그런데 해변에는 사람뿐만 아니라 정말 펭귄이 뒤뚱뒤뚱 걷고 있다. 믿기지 않는 광경이다. 나는 재빨리 화장실로 돌아가 수영복으로 갈아입고 다시 해변으로 내려갔다. 해변 앞에는 펭귄에 대한 안내 표지판이 보인다.

이곳에서 서식하고 있는 펭귄은 우리가 흔히 본 남극에서 서식하는 황제 펭귄이 아닌 아프리카에서만 사는 작은 자카스 펭귄이다. 자카스 펭귄은 몸길이가 약 35㎝에 몸무게는 3㎏ 정도 되는 소형 펭귄인데, '자카스(jackass)'라는 이름은 울음소리가 수탕나귀와 비슷해서 명명되었다고 한다. 그리고 일부일처제이고 애정이 깊다고 한다. 멀리서 펭귄들을 바라보니 매우 귀엽다.

나는 수영복 차림으로 펭귄에게 다가갔다. 해변에서 수영을 즐기는 사람들과 펭귄들은 서로에 대해 무관심이다. 무리에서 이탈한 펭귄 한 마리가 모래사장을 뒤뚱뒤뚱 걷고 있다. 그리고 고개를 두리번거리며 떨어진 가족을 찾고 있다. 펭귄은 한참을 두리번거리다가 가족 찾는 것을 포기했는지, 먼 바다만 하염없이 바라보고 있다. 나는 조심스럽게 펭귄 옆에 가서 앉았다. 우리는 눈이 마주쳤다

그런데! 펭귄이 나에게 다가온다. 그리고 한참을 고개를 기우뚱

제각각의 성격을 가진 귀여운 자카스 펭귄들

그래도 나에게는 꿈이 있다

하며 나를 바라본다. 심장이 멎을 듯한 귀여움이다. 핑크빛의 눈두덩이 너무 귀여워 쓰다듬어 주고 싶었지만, 펭귄이 깜짝 놀랄까 봐 움직임을 최대한 자제했다. 그리고 천천히 바닷가로 들어가 헤엄을 치니, 이럴 수가! 펭귄이 뒤뚱뒤뚱 따라온다. 그리고 바다에서 내 주위를 맴돌다가 엄청난 속도로 떠나가 버렸다.

물속이 환히 보이는 깨끗한 바다와 구름이 휘날려 있는 진한 파란색의 하늘은 매우 아름답다. 그리고 내 옆에는 펭귄들이 수영을 하고 있다. 기분이 날아갈 듯 신난다. 저 멀리 바위에서 휴식을 취하고 있는 펭귄 가족이 보여 나는 펭귄의 수영법을 모방해 잠영으로 바위로 다가갔다. 총 4마리는 중 한 마리는 나에게 관심을 보이지만, 나머지 3마리는 이내 도망가 버린다. 펭귄들은 호기심 강한 성격 또는 경계심 많은 성격 등 제각각의 성격을 형성하고 있는 것 같다.

아름다운 자연 풍경을 자랑하는 바다에서 수영을 하니 너무 행복하다. 나는 혼자 신나 물장구를 치며 조용한 해변을 깨웠다. 눈이 조금 따갑지만 바닷속을 잠수하여 눈을 떠 보면 아름다운 바닷속 세상이 펼쳐진다. 나 혼자 물놀이를 즐기고 있을 때쯤, 내가 심심할까 봐 펭귄 무리들이 내 옆에 와서 수영을 하고 있었다. 이런 환상적인 경험을 하다니, 내 삶에 있어서 평생 잊지 못할 장면이 마음속에 각인되었다. 그리고 실현 가능성이 없어 기억에서 잊고 있던 '버킷리스트 44번 펭귄과 수영하기'를 이루게 되었다.

깨달음 펭귄들의 성격은 제각각이다.

펭귄들과 스스럼없이 수영을 즐길 수 있었던 시몬스타운의 해변

그래도 나에게는 꿈이 있다

PART 4 · 꿈 그리고 희망

[남아프리카 공화국- 희망봉]

▼

# 여행의 종착지,
# 희망봉

펭귄과 한바탕 수영을 한 뒤, 근처 화장실에서 청수로 몸을 씻어 냈다. 장시간 물놀이도 지칠 만도 한데 오히려 힘이 솟는다. 이제 여행의 마지막 목적지로 가자! 가벼운 마음으로 차에 올라탔다. 해 변에서 국립공원 입구까지는 30분 정도 소요가 된다. 케이프 포인 트로 가는 도로는 사람의 손때가 묻지 않는 자연 상태 그대로 보존 되어 있다. 이 땅의 본래 주인인 개코원숭이들은 주위를 살피며 호 시탐탐 나의 간식들을 노리고 있다. 실제로 남아공에서는 개코원숭 이의 습격이 빈번히 발생하여 각별히 조심해야 한다.

공원에 들어서서 한참을 달리니, 케이프 포인트에서 가장 멋진 경관을 자랑하는 등대 입구에 도착했다. 케이프 포인트 등대까지 올라가려면 'FUNICULAR'라 불리는 산악열차를 이용하기도 하지 만, 그리 멀지 않은 거리에다 올라가는 길에 풍경이 아름다워 걸 어 올라가기로 마음을 먹고 최대한 천천히 주변을 둘러보면 걸어

CAPE POINT로 올라가는 길, 전차를 이용하기보다 경치를 즐기며 천천히 걸어올라가는 것을 추천한다

올라갔다.

오늘의 날씨를 신의 감정으로 묘사하자면, 신은 분명 달콤한 초코케이크를 드시고 있는 중인 것 같다. 게다가 평소 중국인 관광객이 많아 희망봉을 제대로 감상하기 어렵다는데, 오늘따라 인적이 드물다. 절벽 아래에는 짙은 파란색 크레파스로 색칠을 한 듯 파란 바다가 끝없이 펼쳐진다. 저 멀리 보이는 수평선을 보니 끝을 모르는 미지의 세계에 대한 경외심마저 든다. 먼 옛날 망망대해를 항해하던 선원들이 이곳을 '희망봉'으로 불렀던 이유를 알 것 같다.

꿈속을 거니는 것 같았던 희망봉의 산길

285

여행을 끝을 알려주던 희망봉의 표지판

그래도 나에게는 꿈이 있다

RIO DE JANEIRO
6 055 KM

AMSTERDAM
9 635 KM

LONDON
9 623 KM

NEW YORK
12 541 KM

CAPE POINT 정상에는 세계 주요도시까지의 이정표가 쓸쓸하게 서있다

그래도 나에게는 꿈이 있다

이렇게 온갖 잡념에 빠져 걷다 보니 어느덧 등대에 도착했다. 푸른 바다에서 주인공이 되고 싶었던 등대는 하얀색 웨딩드레스를 입고 외로이 서 있다. 수많은 선박들의 희망이 되어 주었을 등대는 지금은 나이가 들어 보수공사를 하고 있다. 등대 앞 작은 원형 공간에는 세계 각국까지의 직선거리가 표시되어 있다. 우리 집까지 거리를 재 보니 13,700㎞정도 된다. 가늠할 수 없는 엄청난 거리라 다시는 집에 돌아가지 못할 것 같은 정체모를 불안감이 밀려왔다.

나는 등대에서 내려와 희망봉으로 향했다. 희망봉에는 이곳의 위치를 알려 주는 표지목만 있을 뿐이었다. 적적한 주위에는 사진을 찍어 달라고 부탁할 사람도 없었다. 나는 간신히 희망봉 도착 인증샷을 찍고, 수만 년 동안 이곳을 지켜 온 바위에 앉아 바다를 바라보았다. 어느새 나는 여행의 끝에 서 있었다. 영원할 것 같던 나의 여행의 날들이 이제야 마지막을 알린다. 바다에서 이곳을 바라 보았을 때는 희망이었으나, 이곳에서 바다를 바라보니 공허함 뿐이었다.

 <u>희망봉에는 희망만 있는 것은 아니다.</u>

EPILOGUE

그래도 나에게는 꿈이 있다

나는 아프리카를 여행하면서 무엇을 배웠을까? 파도 소리만이 들리는 고요한 희망봉의 끝자락에서 생각을 정리해 봤다. 음, 이제는 혼자서도 자동차 타이어를 교체할 수 있고, 뇌물을 요구하는 경찰들에게도 잘 대처할 수 있다. 비록 훌륭한 실력은 아니지만 아이들에게 그림을 가르쳐 줄 수도 있고, 핸들 방향이 다른 지역에서도 운전을 잘할 수 있다. 그리고 킬리만자로 앞에 무릎 꿇지 않은 인내력으로 이 험한 세상을 잘 헤쳐 나갈 자신감도 생겼다.

돈을 기준으로 하는 자본주의 사회에서는 가격 대비 성능 또는 효과를 중요시하는, 일명 가성비가 높은 것에 사람들이 열광한다. 이번 아프리카 여행을 가성비로 따지면 어떻게 될까? 나는 단언할 수 있다. 돈 주고는 만들 수 없는 젊은 날의 값진 추억과 경험들, 수많은 사람들을 만나며 느낀 삶의 희로애락 등 나에게 있어 여행은 가성비를 따질 수 없는 최고의 보석이었다.

2016년 10월  박태준

# 2006년 3월 14일 5교시
# 잠이 쏟아지는 수학시간에

1. 대통령 만나기

2. 1개 이상의 외국어 완전 정복하기

3. 사막에서 길 잃어 보기 √

4. 부모님을 위해 갈비찜 만들어 보기

5. 보트 조종법 배워 바다에서 석양 보기 √

6. 동창회 참석하기 √

7. 나만의 토지 구입하여 나무 심기

8. 자전거 완전분해 후 재조립해보기 √

9. 굴삭기 운전해 보기 √

10. 무인도에서 문명과 단절된 채 생활해 보기

11. 영화에 출연해 보기

12. 수영으로 한강 건너기

13. 강단에 서서 강연해 보기 √

14. 회 뜨는 법 배우기 √

15. 시민단체에서 활동해 보기 √

16. 변호사 되기

17. 많은 사람들 앞에서 노래해 보기

18. 졸업 후 은사님 찾아뵙기 √

19. 불평등하거나 사회 부조리 공공기관에 신고하기 √

20. 경매에 참여하기

21. 남북극점에 도달하기

22. 세계 3대 폭포 (나이아가라, 이과수, 빅토리아) 가 보기

23. 아마존 강에서 수영하기 √

24. 낚시로 1m급 물고기 잡아 보기

25. 행복한 가정 꾸리기

26. 30대 이전에 재산세 내기 √

27. 바닷속 10m 프리다이빙해 보기 √

28. 단 하루 재벌처럼 살아보기 √

29. 3일 금식하기

30. 부모님 해외여행 보내 드리기 √

31. 코끼리 귀 만져 보기 √

32. 킬리만자로 만년설 밟아 보기 √

33. 산악자전거 국가대표 선발전 1등해 보기 √

34. 밤하늘의 인공위성 육안으로 찾아보기 √

35. 신혼여행 필리핀으로 가기 (by 요트)

36. 해외에서 한국 전통 상품 팔아 보기 √

37. 내손으로 목조주택 짓기

38. 장기기증 신청하기

39. 요트로 세계일주하기

40. 추운 겨울 한라산에서 썰매 타고 내려오기 √

41. 해병대 가기

42. 사회생활 시작하면 한 달에 일정금액 기부하기 √

43. 담배 피지 않기 √

44. 펭귄과 수영하기 √

45. 토이 좋은 사람 뮤직비디오 촬영지 가 보기 √

46. 세계 최고 높이의 번지점프에서 뛰어내리기

47. 불도저 운전해 보기 √

48. 투자기업의 주주총회 가 보기

49. 프랑스 미녀와 대화하기 √

50. 한국에 없는 상품 수입해서 판매해 보기 √

51. benz 타기

52. 근현대사 완벽하게 이해하고 암기하기

53. 타워크레인 운전해 보기 √

54. 수능 모든 과목 1등급 맞기

55. 자식들에게 아름다운 추억 많이 만들어 주기

56. 10m 다이빙대에서 뛰어 보기 √

57. 슈퍼마리오 오리지널 버전 끝판 깨기 √

58. 머리카락 하얗게 탈색하기 √

59. 국가 자격증 10개 이상 취득하기 √

60. 벨기에에서 초콜릿 먹기 √

61. 소신을 가지고 정당 활동하기 √

62. 에베레스트 정복하기

63. 대기권 밖으로 나가 보기

64. 백화점에서 부모님 옷 사 드리기

65. 대학 등록금 스스로 내기 ✓

66. 해외 교환학생 가 보기 ✓

67. 활화산 탐험하기 ✓

68. 나가사키 가서 짬뽕 먹기 ✓

69. 얼룩말 엉덩이 만지기 ✓

70. 자식들 학원 보내지 않고 내가 가르쳐주기

71. 친구들 결혼식 사회 봐 주기

72. 마추픽추 가기 ✓

73. 근육량 60kg까지 늘리기

74. 라디오 방송 진행해 보기

75. 덩크슛 성공하기 ✓

76. 윤종신 콘서트 가기

77. 5,000권 이상의 책 정독하기

78. 빙하 먹어 보기 ✓

79. 오로라 보기

80. 개구리 트라우마 극복하기 ✓

81. 마라톤 풀코스 완주하기

82. kiesuke kuwata 만나기

83. 카지노에서 돈 잃어 보기 ✓

84. 아내와 존댓말 사용하기

85. 개그콘서트 방청객으로 가기

86. 레게머리 하기 √

87. 고용인 100명 이상의 사업체 운영하기

88. 어머니에게 좋은 차 사드리기 √

89. 시장에 할머니 떨이 모두 구입하여 조기 퇴근시켜 드리기 √

90. mtb로 백플립 성공하기

91. 삼국지 5번 읽기

92. 단체사회에서 잘못된 점 있으면 고치기 √

93. 결혼식장에서 결혼하지 않기

94. 자동차 기본 정비 배우기

95. 세상에서 가장 아름다운 야경 찾기 √

96. 한 달간 절에서 묵언수행하기

97. 외국인 친구 사귀기 √

98. 돈 대신 사람 선택하기

99. 남의 시선 의식하지 않고 스스로가 주체가 되는 삶 살기

100. 야스쿠니……. √